Lehr- und Handbücher zu Geld, Börse, Bank und Versicherung

Herausgegeben von
Universitätsprofessor Dr. Guido Eilenberger

Bisher erschienene Werke:

Averdiek-Bolwin, Die Effizienz von Aktienbörsen
Beike · Köhler, Risk-Management mit Finanzderivaten
Beyer, Risikomanagement beim PKW-Leasing
Blattner, Internationale Finanzierung
Breit · Reinhart, Finanzierung der Unternehmung: Zinsmanagement
Döhring, Gesamtrisiko-Management von Banken
Dross, Genußrechte
Dürr, Investor Relations, 2. Auflage
Eilenberger, Bankbetriebswirtschaftslehre, 7. Auflage
Eilenberger, Betriebliche Finanzwirtschaft, 6. Auflage
Jenkis, Wohnungsbaufinanzierung
Knoppe, Strategische Allianzen
Meise, Realoptionen als Investitionskalkül
Thoma, Chaostheorie, Wirtschaft und Börse, 2. Auflage
Widdel, Theorie und Praxis der Aktienspekulation

Finanzierung der Unternehmung: Zinsmanagement

Von
Professor Dr. Claus Breit
und
Erika Reinhart

R. Oldenbourg Verlag München Wien

Die Deutsche Bibliothek - CIP-Einheitsaufnahme

Breit, Claus:
Finanzierung der Unternehmung: Zinsmanagement / von Claus Breit
und Erika Reinhart. – München ; Wien : Oldenbourg, 1998
(Lehr- und Handbücher zu Geld, Börse, Bank und Versicherung)
ISBN 3-486-24758-1

Rosenheimer Straße 145, D-81671 München
Telefon: (089) 45051-0, Internet: http://www.oldenbourg.de

Gedruckt auf säure- und chlorfreiem Papier
Gesamtherstellung: Druckhaus „Thomas Müntzer“ GmbH, Bad Langensalza

ISBN 3-486-24758-1

Inhaltsverzeichnis

„Metallgesellschaft und Barings Bank sind warnende Exempel. Aber jedes Unternehmen im weltweiten Wettbewerb muß nach Möglichkeiten suchen, sich gegen finanzielle Risiken zu wappnen, denn mit einer stabilen Entwicklung der Aktien- und Wechselkurse, der Rohstoffpreise und Zinsen ist nicht zu rechnen. Bleibt freilich die bange Frage: Sind die neuen risikopolitischen Instrumente - Forwards, Futures, Options, Swaps oder Caps - eher Teufelszeug oder Risikoabwehr?"

in: Harvard Business Manager 3/95

1 Einführung

Bereits seit Anfang der 70er Jahre stellen verstärkte Schwankungshäufigkeit und Schwankungsbreite (Volatilität)[1] der Zinssätze auf den Geld- und Kapitalmärkten Emittenten, Kreditinstitute und Unternehmen gleichermaßen vor schwierige Anpassungsprobleme. Da sich Zinsaufwand und Zinsertrag sowie die Wertänderung von zinstragenden Positionen auf den Unternehmenserfolg auswirken, beeinflussen unvorhergesehene Veränderungen der herrschenden Zinsstruktur die (Eigenkapital-) Rentabilität des Unternehmens, falls keine adäquaten Maßnahmen zur Absicherung des Zinsänderungsrisikos getroffen wurden.

Zur Handhabung dieser Zinsänderungsrisiken wurden einerseits Konzepte für ein effektives Zinsmanagement entworfen. Andererseits entwickelten sich auf den Finanzmärkten spezielle Einrichtungen wie beispielsweise die Terminbörsen, die das Zinsmanagement ermöglichen bzw. erleichtern sollten.[2]

Zinsänderungsrisiken zu erfassen, zu bewerten, zu steuern und zu kontrollieren ist Gegenstand des Zinsrisikomanagements. Im Rahmen eines aktiven Risiko-managements sollen einerseits Zinserträge und der Wert zinstragender Aktiva maximiert und andererseits Zinsaufwendungen und der Wert von zinstragender Passiva minimiert werden.

[1] Vgl. Baxmann (1991a), S. 251-253.
[2] Vgl. Burger (1989), S. 6.

Zins(risiko)management kann allgemein als Prozeß verstanden werden, der in vier Phasen abläuft:[3]

1. Das Erkennen von Zinsänderungsrisiken
   (Welche Marktzinsveränderungen gibt es?)
2. Das Messen der Zinsänderungsrisiken
   (Wie hoch sind die Zinsänderungsrisiken?)
3. Die Steuerung von Zinsänderungsrisiken
   (Welche Instrumente sind wie einsetzbar?)
4. Kontrolle der Ergebnisse der eingesetzten Instrumente

Die Steuerung und Kontrolle der Zinsrisiken erfolgt langfristig durch eine entsprechend ausgerichtete Anlage- und Finanzierungspolitik, kurzfristig erweist sich jedoch der Einsatz derivativer Instrumente als vorteilhaft, mit denen eine Zinsposition schnell, flexibel und kostengünstig verändert werden kann. So kann beispielsweise ein zinsvariabler Kredit in eine Verpflichtung mit festem Zinssatz „verwandelt" werden. Mithilfe von zinsbezogenen Finanzinnovationen versucht man die Preise und Zinssätze durch Festlegung der Konditionen künftiger Kassageschäfte zu begrenzen und Marktwerte durch Anpassung der Zinssensitivitäten zu sichern.[4]

Während Devisenderivate bereits seit Mitte der achtziger Jahre in Deutschland breitere Anwendung fanden, haben Zinsderivate erst mit Ende der achtziger Jahre eine nennenswerte Bedeutung in Deutschland erreicht. Der Einsatz derivativer Instrumente hat sich seitdem deutlich beschleunigt.

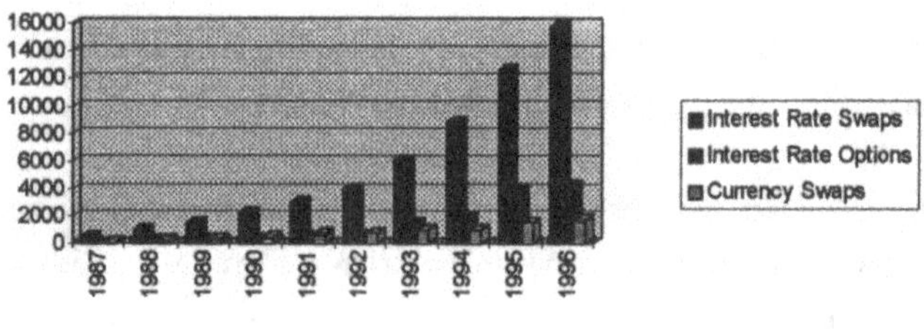

Abbildung 1.1. Volumina außerbörslich gehandelter Derivate[5] (außenstehende Nominalbeträge in Mrd. US-Dollar)

[3] Vgl. Eller/Spindler (1994), S.16
[4] Vgl. Köpf (1989a), S. 35.
[5] Quelle: Internet-Seite http://www.isda.org/d1.html und /d6.html

Maßgeblichen Anteil am Marktwachstum hatten die folgenden Entwicklungen:
1. Für die neuen standardisierten Finanzierungstechniken haben sich mittlerweile gut funktionierende, transparente Märkte entwickelt: eine Voraussetzung für eine flexible, sich an verändernde Erwartungen anpaßbare Absicherungsstrategie.
2. Außerdem sind die Preise für Produkte zur Absicherung des Zinsänderungsrisikos inzwischen aufgrund der Markttransparenz so weit gesunken, daß es auch für kleine und mittlere Unternehmen effizient wird, komplexe Absicherungsprodukte zu kaufen. 3. Schließlich wurden die Produkte weiter verfeinert, so daß mittlerweile eine weite Palette von kostengünstigen und besonders flexiblen Absicherungsinstrumenten zur Verfügung steht.[6]

Aufgrund der völligen Gestaltungsfreiheit ist allerdings eine unüberschaubare Vielfalt von außerbörslichen Instrumenten zur Absicherung von Zinsänderungsrisiken entstanden, deren umfassende Darstellung den Rahmen dieses Buches sprengen würde. Deshalb wird hier schwerpunktmäßig die Absicherung des Zinsänderungsrisikos (ZÄR) mittels der gängigen Instrumente behandelt, die insbesondere die drei oben stehenden Punkte weitgehend erfüllen. Auf spezielle Formen und Unterarten, die meist keinen Markt besitzen, sondern vielmehr das Ergebnis individueller Absprachen sind, wird im Text verwiesen.

Der Beschreibung dieser Instrumente ist eine Darstellung des Zinsänderungsrisikos sowie möglicher Vorgehensweisen zu dessen Ermittlung vorangestellt. Ergänzt werden diese Ausführungen durch einen kurzen Überblick über wichtige Kreditformen mit variabler Verzinsung.

Als Antwort auf die eingangs gestellte Frage kann die folgende Aussage gelten:

> *„Nicht das derivative Instrument ist das Teufelszeug, sondern auf den adäquaten Einsatz kommt es an."*
>
> *Deutsche Schutzvereinigung für Wertpapierbesitz, 1995*

[6] Vgl. London (1992), S. 33.

2 Begriff und Messung des Zinsänderungsrisikos

Das Zinsänderungsrisiko bedeutet für alle Unternehmen, die nicht dem Finanzsektor zuzurechnen sind, ein sachzielfremdes Risiko. Diese Unternehmen streben eine Gewinnerzielung aus dem Sachziel (z.B. Produktion von Elektrogeräten oder Automobilen, die Bereitstellung von Beratungsdienstleistungen) heraus an. Aufgabe des (Zins-)Managements ist es, die (negativen) Einflüsse sachzielfremder Faktoren auf das Unternehmensergebnis soweit als möglich auszuschalten[7].

Das Zinsmanagement hat die „negativen" Auswirkungen von Zinsänderungen auf die Bilanz und die GuV zu vermeiden bzw. zu minimieren. Die meisten Unternehmen sind nicht daran interessiert, aus der Änderung von Marktzinsen (spekulative) Gewinne zu erzielen. Dies liegt darin begründet, daß jede Chance auch gleichzeitig ein Verlustrisiko birgt, das nicht dem Sachziel des Unternehmens entspringt und daher gemieden wird. Jedoch sind eine Minimierung des Zinsaufwands und eine Maximierung des Zinsertrags zum Gewinnziel des Unternehmens kongruent und werden im Rahmen des Zinsmanagements verfolgt. Auszuschließen ist in der Regel nur die spekulative Gewinnerzielungsabsicht.

2.1 Wesen und Ursachen des Zinsänderungsrisikos

Als **Zinsänderungsrisiko** (ZÄR) wird die **negative Auswirkung unerwarteter Änderungen der Zinssätze auf das (Finanz-)Ergebnis und die Bilanz** bezeichnet. Diesem ZÄR steht die **Zinsänderungschance bei günstiger Entwicklung** gegenüber. Das ZÄR entsteht bei einem Saldo der nach Zinsbindungsfristen und unterschiedlichen Laufzeiten gegliederten zinstragenden Aktiv- und Passivpositionen (net exposure).[8]

2.1.1 Dimensionen des Zinsänderungsrisikos

Das Zinsänderungsrisiko kann in die Dimensionen **bilanziell** und **ökonomisch** unterteilt werden.

---

[7] Vgl. Weinberger (1995), S. 4

[8] Vgl. Baxmann/Weichsler(1993), S. 10; Bayerische Vereinsbank AG (1995), S. 4; Rolfes (1985), S. 532.

Das **bilanzielle** Risiko[9] entsteht durch die Bilanzierungsregeln (Niederstwertprinzip, Imparitätsprinzip[10]), die einen niedrigeren (Aktivseite) bzw. höheren Ausweis (Passivseite) verlangen, als bei einer Totalbetrachtung unter Umständen erforderlich ist. Bilanzielle Risiken entstehen durch die periodisierte Rechnungslegung und durch das Gebot der kaufmännischen Vorsicht. Man kann sie als zinsinduzierte Änderungen von Bilanzpositionen verstehen.

Beispiel 2.1. Bilanzielles Risiko: Abschreibung auf der Aktivseite

Aufgrund eines steigenden Marktzinses sinkt der Börsenkurs einer im Umlaufvermögen gehaltenen Anleihe (Bilanzposition: Wertpapiere des UV) von 99,5 auf 98,00. Trotz der Rückzahlung zu 100 am Laufzeitende (Totalbetrachtung) muß eine Abschreibung in der laufenden Periode erfolgen.

Das **ökonomische** Risiko resultiert aus

1. einer nicht fristenkongruenten Geld- oder Kapitalanlage oder -aufnahme oder
2. einer falschen Einschätzung der Zinsentwicklung bei der Entscheidung über zukünftige Dispositionen im Geld- oder Kapitalbereich.

Zu (1): Ist die Kapitalbindungsdauer länger als die Zinsbindungsdauer, so ergibt sich bei der Neufestsetzung der Zinshöhe das Risiko, einen höheren Zinssatz zahlen zu müssen (Passiva) bzw. einen niedrigeren Zins zu erhalten (Aktiva).

Beispiel 2.2. Ökonomisches Risiko: Zinsanpassung

Ein häufig auftretender Fall ist die Zinsanpassung bei Hypothekenkrediten nach Auslaufen der Zinsfestschreibung nach 5 oder 10 Jahren.

Besonders deutlich tritt dieses Risiko bei der Finanzierung über variabel verzinste Kredite und bei Krediten sowie Anlagen auf Basis von Geldmarktsätzen auf.[11] Hier sind kurzfristige Zinsänderungen jederzeit möglich.

[9] Wenn im folgenden von „Risiken“ gesprochen wird, so sind damit immer die von Zinsänderungen ausgehenden Risiken gemeint. Eine kritische begriffliche Auseinandersetzung mit dem Risikobegriff und dessen Abgrenzung zur Chance findet sich bei Jokisch (1996), S. 95

[10] Vgl. hierzu Coenenberg (1997), S. 32f. und 71ff.

[11] Vgl. hierzu die Kurzdarstellung in Kapitel 2.3

Auf der Aktivseite entsteht ein ökonomisches Risiko durch die Wiederanlage von freiwerdenden Mitteln zu niedrigeren Zinssätzen bzw. durch das Halten von variabel verzinsten Anlagen[12] innerhalb des Planungshorizonts.

Zu (2): Für jede Planung muß bei der Neuanlage oder Kapitalaufnahme ein Zinssatz prognostiziert werden. Zwischen dem Planungszeitpunkt und der Realisierung verändern sich die Marktzinssätze, so daß eine Abweichung zwischen prognostiziertem und realisiertem Zinssatz eintritt.
Das Risiko besteht darin, daß der realisierte Zinssatz über (Passiva) bzw. unter (Aktiva) dem prognostizierten Zinssatz liegt und damit eine Verschlechterung gegenüber den Planansätzen bewirkt.

Im Rahmen des Zinsmanagements sollen zukünftige Einzahlungen gegen die vermögensmindernden Auswirkungen eines Zinsanstiegs und zukünftige Auszahlungen gegen die negativen Konsequenzen eines Zinsrückgangs abgesichert werden. Dabei resultieren Einzahlungen aus einer Erhöhung der Passiva, d. h. aus der Emission von Finanztiteln oder einer Kreditaufnahme, oder aus dem Verkauf von zinstragenden Aktiva (z.B. Anleihen). Ein Zinsanstieg verursacht dabei entweder einen Kursrückgang bis zum Verkaufs- oder Emissionszeitpunkt, ein höheres Disagio bei der Kreditaufnahme oder höhere zukünftige Kupon- bzw. Zinszahlungen.

Hingegen ergeben sich Auszahlungen aus einer Erhöhung der Aktiva (Kauf von Finanztiteln, Kreditvergabe) oder einer Verringerung der Passiva (Kreditrückzahlung).[13] Bei Tilgungen kann ein Zinsrückgang dann zu einem erhöhten Aufwand führen, wenn es sich um einen freihändigen Rückkauf von emittierten Wertpapieren (höherer Kurs) oder um eine außerordentliche Tilgung handelt, bei der dem Kreditgeber der „Zinsschaden" (Vorfälligkeitsentgelt = Differenz zwischen aktuellem Zinsniveau und vereinbartem Kreditzins) auszugleichen ist.

Das aus Zinsänderungen resultierende ökonomische Risiko zeigt sich grundsätzlich in der Bilanz und in der GuV; in der GuV wirken sich ein niedrigerer Zinsertrag bzw. ein höherer Zinsaufwand gewinnmindernd aus. Zur Quantifizierung des Risikos ist

- ein Vergleich mit den Planansätzen oder
- ein Zeitvergleich erforderlich.

[12] z.B. Floatern
[13] Honeck (1992), S. 656.

Das ökonomische Risiko drückt sich durch eine Verschlechterung der Zinsposition aus. Es zeichnet sich bei Eintritt immer dadurch aus, daß entsprechende Zahlungsströme fließen: es ist endgültig!
Das bilanzielle Risiko hingegen kann durch eine gegenläufige Entwicklung oder durch Zeitablauf neutralisiert werden.

Beispiel 2.3. Bilanzielles Risiko im Zeitablauf

Die Neufestlegung eines Kreditzinses zu schlechteren Konditionen bewirkt eine Verminderung des Gewinns und damit eine bilanzielle und eine endgültige ökonomische Verschlechterung. Wird hingegen die Anleihe aus dem Beispiel 2.1. bis zur Endfälligkeit gehalten, so erfolgt die Rückzahlung 100: Das bilanzielle Risiko ist durch einen gegenläufigen Ertrag ausgeglichen worden. Das ökonomische Risiko, das bei einem vorzeitigen Verkauf realisiert worden wäre, kam nicht zum tragen.

2.1.2 Analyse fester und variabler Zinsstrukturen

Zinsänderungsrisiken treten einerseits als variables Zinsänderungsrisiko und andererseits als Festzinsrisiko auf. Das ZÄR im zinsvariablen, also kurzfristig marktzinsabhängigen Geschäft entsteht, wenn

- sich die Aktiv- und Passivpositionen gegliedert nach Anpassungszeitpunkten (für die praktische Durchführung ist eine Gliederung nach Zeiträumen erforderlich; sinnvoll ist z.B. eine Rasterung nach Monaten, da bei einer feineren Unterteilung nur in Ausnahmefällen eine Saldierung von Aktiva und Passiva erfolgen kann) und Referenzzinssätzen (z.B. 6-Monats-LIBOR) betragsmäßig unterscheiden (Summe Aktiva ungleich Summe Passiva) oder wenn
- die Zinssätze für die einzelnen Aktiv- und Passivpositionen nur unterschiedlich stark und schnell an Marktzinsänderungen angepaßt werden können. Es liegt dann der Fall unterschiedlicher Zinselastizitäten vor.

Für die Betrachtung der Zinselastizitäten liegt in der Ausgangssituation eine betragsmäßige Identität zwischen Aktiv- und Passivpositionen vor. In der Praxis wird auch eine nahezu ausgeglichene Struktur ausreichen. Neben der betragsmäßigen Identität müssen Basis (Referenzzins) und Anpassungszeitpunkt (-raum) übereinstimmen. Es gilt dann:

Ein aktiver Zinselastizitätsüberhang entsteht, wenn der Aktivzins stärker reagiert als der Passivzins, wodurch sich bei fallenden Zinsen ein Zinsänderungsrisiko ergibt. Im umgekehrten Fall, bei passivem Zinselastizitätsüberhang, wenn also der Passivzins stärker reagiert, gilt das ZÄR für steigende Zinsen.[14] Die unterschiedliche Zinsreagibilität wird in der folgenden Abbildung veranschaulicht:

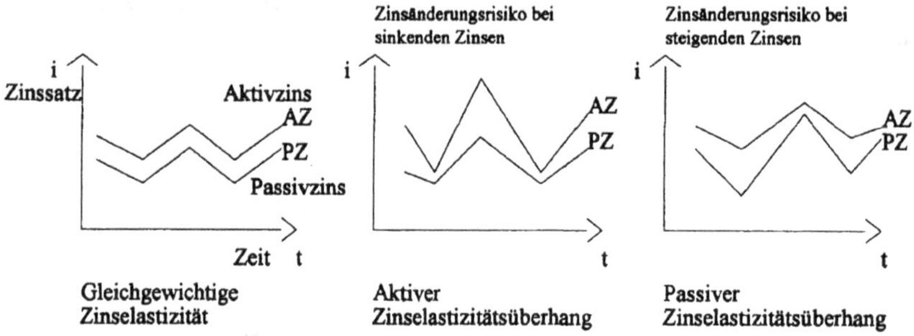

Abbildung 2.1. Zinsänderungsrisiko bei unterschiedlicher Zinselastizität des durchschnittlichen Aktiv- und Passivzinses

Das **Festzinsrisiko** entsteht aus nicht laufzeitkongruent refinanzierten Aktivpositionen. Bei steigenden Marktzinsen und aktivischem Festzinsüberhang (zinsgebundene Aktiva > zinsgebundene Passiva) sowie bei rückläufigen Marktsätzen und passivischem Festzinsüberhang (zinsgebundene Aktiva < zinsgebundene Passiva) wird das Risiko akut und schmälert das Betriebsergebnis. Die Höhe des Festzinsrisikos ist abhängig von der Betragshöhe, der Zinsbindungsdauer, der durchschnittlichen Verzinsung der Festzinsposition und der unsicheren Entwicklung des zukünftigen Marktzinses.[15]

[14]Vgl. Rolfes (1985), S. 530 f.; Schminke (1994), S. 217.
[15]Vgl. Bayerische Vereinsbank AG (1995). S. 5; Büschgen (1988), S.15, Honeck (1992), S. 657; Schierenbeck (1993), S. 934.

2.2 Ermittlung von Zinsänderungsrisiken

Das Zinsänderungsrisiko der Unternehmen resultiert aus der Struktur aller zinsinduzierten Vermögens- und Schuldpositionen, die in Zukunft zu Ein- oder Auszahlungen führen. Um die Auswirkungen von Zinsschwankungen auf den Unternehmenserfolg verringern zu können, bedarf es zunächst einer dynamischen Risikoanalyse, bei der die Einzelrisiken identifiziert und gemessen werden. Um **Art und Höhe der offenen Positionen** zu erkennen, werden die zinsempfindlichen Aktiv- und Passivposten nach der Fristigkeit und dem zugrunde liegenden Referenzzins gegenübergestellt. Aus der Höhe des jeweiligen Saldos kann die Zinsempfindlichkeit abgeleitet werden.

2.2.1 Zinsempfindliche Positionen in Bilanz und GuV

Die nachstehenden Abbildungen 2.2. und 2.3. verdeutlichen, welche Bilanz- und GuV-Positionen mit Zinsrisiken behaftet sind. Es sind jedoch nur diejenigen Positionen gekennzeichnet, die einem direkten Einfluß von Zinsänderungen unterliegen.

Bei einer sehr weiten Interpretation müßten z.B. auch „Anteile an verbundenen Unternehmen" oder „Beteiligungen" als zinssensitiv eingestuft werden: Zinsänderungen bedingen Ergebnisveränderungen und beeinflussen damit den Wert der hier verbuchten Anteile. Da die Zinseinflüsse jedoch von vielen anderen Größen überlagert werden, ist eine isolierte Messung der zinsinduzierten Veränderungen kaum möglich. Zudem kann die betrachtete Unternehmung nur bei einem zentralisierten Finanzmanagement direkten Einfluß nehmen. In diesem Fall ist es jedoch besser, wenn die zinstragenden Positionen direkt in die Zinsrisikostruktur[16] einfließen.
Im weiteren werden die indirekten Risiken nicht in die Ausführungen einbezogen.

a. Aktiva

Das ökonomische Risiko besteht definitionsgemäß bei allen Positionen, bei denen die Zinsbindungsdauer kürzer als die Kapitalüberlassungsdauer bzw. der Planungshorizont ist. Erhebliche Risiken ergeben sich grundsätzlich bei variabel verzinsten Aktiva. Zu beachten ist jedoch, daß ein aktivisches ZÄR durch eine gegenläufige Chance auf der Passivseite ganz oder teilweise aufgehoben oder sogar überkompensiert werden kann.[17]

[16] Vgl. hierzu Kapitel 2.2.2
[17] Vgl. hierzu weiter oben die Ausführungen zum Zinselastizitätsüberhang.

AKTIVA	
A. Ausstehende Einlagen auf das gezeichnete Kapital	
B. Aufwendungen für die Ingangsetzung und Erweiterung des Geschäftsbetriebes	
C. Anlagevermögen	
I. Immaterielle Vermögensgegenstände	
1. Konzessionen, gewerbliche Schutzrechte etc.	
2. Geschäfts- oder Firmenwert	
3. Geleistete Anzahlungen	
II. Sachanlagen	
1. Grundstücke, grundstücksgleiche Rechte und Bauten	
2. Technische Anlagen und Maschinen	
3. Andere Anlagen, Betriebs- und Geschäftsausstattung	
4. Geleistete Anzahlungen und Anlagen im Bau	
III. Finanzanlagen	
1. Anteile an verbundenen Unternehmen	
2. Ausleihungen an verbundene Unternehmen	Risiko
3. Beteiligungen	
4. Ausleihungen an Unternehmen, mit denen ein Beteiligungsverhältnis besteht	Risiko
5. Wertpapiere des AV	Risiko
6. Sonstige Ausleihungen	Risiko
Summe Anlagevermögen	
D. Umlaufvermögen	
I. Vorräte	
1. Roh-, Hilfs- und Betriebsstoffe	
2. Unfertige Erzeugnisse und Leistungen	
3. Fertige Erzeugnisse und Waren	
4. Geleistete Anzahlungen	
II. Forderungen und sonstige Vermögensgegenstände	
1. Forderungen aus Lieferungen und Leistungen	
2. Forderungen gegen verbundene Unternehmen	
3. ... gegenüber Unternehmen, mit denen ein Beteiligungsverhältnis besteht	
4. Sonstige Vermögensgegenstände	Risiko
III. Wertpapiere	
1. Anteile an verbundenen Unternehmen	
2. Eigene Anteile	
3. Sonstige	Risiko
IV. Schecks, Kasse, Bank	Risiko
Summe Umlaufvermögen	
E. Rechnungsabgrenzungsposten	
davon Disagio	
Summe AKTIVA	

Abbildung 2.2. Risikotragende Bilanzpositionen: Aktivseite

In den Abbildungen 2.2. und 2.3. werden die wichtigsten positionsspezifischen Risiken kurz dargestellt, die über die oben dargelegten ökonomischen Risiken hinausgehen:[18]

***Bilanzposition:* C.III.5. Wertpapiere des AV**

[18] Dabei wird von den Rechnungslegungsvorschriften für Kapitalgesellschaften ausgegangen. Vgl. zum folgenden Coenenberg (1997), S. 81 ff., S. 115 ff., S. 181 ff.

Hierunter fallen z.B. dauerhaft gehaltene Anleihen und Pfandbriefe. Für Vermögensgegenstände des Finanzanlagevermögens ist bei einer voraussichtlich dauerhaften Wertminderung zwingend auf den niedrigeren Wert abzuschreiben. Bei voraussichtlich nicht dauerhaften Wertminderungen besteht hingegen ein Abschreibungswahlrecht (gemildertes Niederstwertprinzip).
Bei Entfall der Gründe für die Wertminderung kann eine Zuschreibung bis maximal zu den Anschaffungskosten erfolgen.

***Bilanzposition:* D.II.4. Sonstige Vermögensgegenstände des UV**
Unter dieser Position werden die erworbenen Optionen ausgewiesen. Deren Börsen- oder Marktpreis wird - sofern sie sich auf zinstragende Werte beziehen - auch in Abhängigkeit von der Zinsentwicklung schwanken. Für die Bewertung gilt das strenge Niederstwertprinzip: eine Wertminderung führt grundsätzlich zu einer Abschreibung, unabhängig von der voraussichtlichen Dauer.
Bei Entfall der Gründe für die Wertminderung kann eine Zuschreibung bis maximal zu den Anschaffungskosten erfolgen.

***Bilanzposition:* D.III.3. Sonstige Wertpapier des UV**
Anleihen und Pfandbriefe, die nur zur vorübergehenden Anlage von Liquiditätsüberschüssen gehalten werden, zählen u.a. zu dieser Position.
Die Bewertung erfolgt analog der Position „Sonstige Vermögensgegenstände des UV“.

***Bilanzposition:* D.IV. Schecks, Kasse, Bank**
Bei dieser Position besteht kein Kursrisiko, das sich in Abschreibungen niederschlägt. Allerdings werden hier Termingelder verbucht, denen aufgrund der kurzfristigen Zinsfestschreibung ein erhöhtes ökonomisches Zinsrisiko anhaftet. Ebenso sind verzinste Girokonten einem ZÄR unterworfen.

b. Passiva

Auf der Passivseite existiert aufgrund der deutschen Bilanzierungsregeln kein bilanzielles Risiko. Aufgrund des normalerweise bei den meisten Unternehmen vorhandenen betragsmäßigen Überhangs der zinstragenden Passiva über die zinstragenden Aktiva ist jedoch ein erhebliches ökonomisches Risiko vorhanden. Besonders deutlich wird dies in der Position Verbindlichkeiten gegenüber Kreditinstituten: Speziell der Kontokorrentkredit unterliegt beständig dem Risiko der Zinssatzerhöhung; allerdings ist auch die Chance der Zinssenkung permanent vorhanden.

PASSIVA	
A. Eigenkapital	
I. Gezeichnetes Kapital	
II. Kapitalrücklage	
III. Gewinnrücklagen	
1. Gesetzliche Rücklage	
2. Rücklage für eigene Anteile	
3. Satzungsmäßige Rücklagen	
4. Andere Gewinnrücklagen	
IV. Gewinnvortrag/Verlustvortrag	
V. Jahresüberschuß/Jahresfehlbetrag	
Summe Eigenkapital	
B. Sonderposten mit Rücklageanteil	
C. Rückstellungen	
1. für Pensionen und ähnliche Verpflichtungen	
2. für Steuern	
3. für latente Steuern	
4. Sonstige	
Summe Rückstellungen	
D. Verbindlichkeiten	
1. Anleihen	Risiko
2. gegenüber Kreditinstituten	Risiko
3. Erhaltene Anzahlungen	
4. aus Lieferungen und Leistungen	
5. aus der Annahme gezogener und Ausstellung eigener Wechsel	Risiko
6. gegenüber verbundenen Unternehmen	Risiko
7. gegenüber Unternehmen, mit denen ein Beteiligungsverhältnis besteht	Risiko
8. Sonstige	
Summe Verbindlichkeiten	
E. Rechnungsabgrenzungsposten	
Summe PASSIVA	

Abbildung 2.3. Zinstragende Bilanzpositionen: Passivseite

c. GuV

In der GuV schlägt sich das ZÄR durch Ab- und Zuschreibungen auf zinstragende Bilanzpositionen sowie durch Zinsaufwendungen und -erträge ergebniswirksam nieder. Dies ist jedoch nur die Folge der in den Bilanzpositionen enthaltenen ZÄRen. Es handelt sich also nur um abgeleitet Wirkungen, nicht aber um originäre Risiken.

2.2.2 Abbildung der Zinsrisikostruktur

Die Zinsrisikostruktur bildet die ZÄRen geordnet nach Art, Umfang und Laufzeit ab. Empfehlenswert ist eine tabellarische Aufbereitung.[19] Sie ist eine wesentliche Voraussetzung für ein effektives Zinsmanagement, denn

> Absicherungsstrategien und die Einschätzung von Risiken mittels unterschiedlicher Zinsentwicklungsszenarien setzen eine transparente und vollständige Abbildung der Zinsrisiken voraus.

Die einzelnen zinsinduzierten Positionen müssen dafür nach Risikoarten getrennt und mit ihren spezifischen Cash Flows erfaßt werden. Die ermittelten Zahlen der Finanzplanung fließen dabei in die Erstellung des Risikoprofils mit ein. Es sind nicht nur die Gesamtpositionen aller risikotragenden Aktiva und Passiva festzustellen, sondern jeweils auch die hinter der Bilanzposition stehenden Einzelgeschäfte[20] getrennt z. B. nach Restlaufzeiten und nach Art der Zinsverpflichtung.

Für die Risikobeurteilung ist es ausreichend, wenn für jedes Einzelgeschäft die Zeitpunkte von Zinsveränderungen mit den dann zur Disposition stehenden Kapitalbeträgen aufgeführt werden.

Beispiel 2.4. Zinsrisiko

Ein Unternehmen hat einen bestehenden Kredit mit monatlicher Zinszahlung, einer Festzinsvereinbarung von noch 9 Monaten und einer Restlaufzeit von 33 Monaten. Bis einschließlich Planungsperiode (=Monat) T=9 ist aus diesem Kredit kein Zinsrisiko vorhanden. In Planungsperiode T=10 hingegen ist der dann offene Restkreditbetrag mit einem ZÄR behaftet.

---

[19] Vgl. weiter unten Abbildung 2.4. und Abbildung 2.5.

[20] Als Einzelgeschäft ist hier jeder Kreditvertrag, jede Kapitalanlage (z.B. ein Termingeld, eine bestimmte Anleihe) sowie jedes Absicherungsgeschäft (z.B. Swap, Option, Termingeschäft) zu verstehen.

Anmerkung: Indirekt besteht über die vom Girokonto abgebuchten Zinsbelastungen ein ZÄR, das sich aus der Saldoveränderung des Girokontos ergibt.

Bei der Feststellung der offenen Risiko(netto)positionen (net riskexposure) werden Aktivpositionen mit fristenidentischen Verbindlichkeiten saldiert. Ein ZÄR besteht nur bezüglich der Nettoposition. Nicht beachtet werden demgemäß Positionen, bei denen eine Aktiv-Passiv-Identität bezüglich der Risikostruktur besteht, weil sich für solche identischen Positionen ein sogenanntes natürliches Hedging einstellt, d.h. sie neutralisieren sich gegenseitig.[21] Hierzu müssen folgende Voraussetzungen gegeben sein:

- Kapitalbeträge sind identisch
- Die der Zinsneufestlegung zugrunde liegende Größe ist identisch oder aber es wird eine parallele Verschiebung der Zinsstrukturkurve angenommen.[22]
- Die Positionen werden jeweils prolongiert.

Für jede Risikoposition sind folgende Angaben zur Einschätzung des Risikos erforderlich:

- offener Betrag,
- Tilgungsvereinbarung,
- Dauer der neuen Zinsfestschreibung,
- Referenzzins und die daraus abgeleitete Zinsbelastung (z.B. 6-Monats-LIBOR + 0,80%),
- bisheriger Zins.

Die erforderlichen Daten können den bestehenden Kreditverträgen und den Anlagebedingungen entnommen werden. Diese Vorgaben sind um die Daten der Finanzplanung zu ergänzen. Besonders wichtig sind geplante neue Investitionskredite und die Entwicklung des Kontokorrentkredits sowie geplante Kapital- und Geldanlagen.

Die so strukturierten Positionen können - wie in der nachfolgenden Abbildung 2.4. gezeigt - abgebildet werden. Die Zeitachse sollte einerseits ausreichend fein unterteilt werden, um Einzelrisiken erkennen zu können. Andererseits muß aber für jede

[21] Vgl. Uhlir (1992b), S. 436; Baxmann/Weichsler (1993), S.11; Wörner (1988), S. 19 f.; Büschgen (1988), S. 84.

[22] Die Veränderung der Zinsen ist dann unabhängig von der Laufzeit immer gleich groß, z.B. +0,5%. Gleichzeitig muß bei unterschiedlichen Referenzgrößen (z.B. LIBOR versus allgemeines Kapitalmarktniveau) eine ebenfalls identische absolute Zinsveränderung unterstellt werden.

zukünftige Periode ein Zinsszenario entwickelt werden; abgesehen vom Aufwand ist je weiter man in die Zukunft blickt, eine unterschiedliche Zinsprognose für zu kleine Zeiteinheiten nicht mehr seriös zu erstellen. Vor diesem Hintergrund ist der nachstehende Vorschlag als praktikabler Kompromiß zu verstehen:

- Für das erste Jahr wird monatsweise geplant. Für einen Zeitraum von 12 Monaten läßt sich die Zinsentwicklung entsprechend fein gegliedert darstellen.
- Für das 2. Jahr ist eine quartalsbezogene Rasterung ausreichend.
- Für weitere Planjahre ist eine Jahreseinteilung empfehlenswert. Zinsprognosen über längere Zeiträume hinweg sind mit so großen Unsicherheitsfaktoren behaftet, daß eine feinere Unterteilung eine nicht existierende Genauigkeit vorspiegelt und somit kontraproduktiv wirkt.

Beispiel 2.5. Ermittlung der Zinsrisikostruktur

Abbildung 2.4. zeigt die zinssensitiven Positionen eines Unternehmens, aus denen sich die Zinsrisikostruktur ergibt. Die Daten wurden der Finanzplanung entnommen. Die einzelnen Positionen können folgendermaßen charakterisiert werden:

1. Termingeld: Anlage bei der Hausbank als 90 Tagegeld. Auflösung der Position im August 1997 und Gutschrift für 2 Monate auf dem Kontokorrentkonto. Im Oktober wird das Kapital zur Finanzierung einer größeren Investition benötigt (siehe 8.).
2. Anleihe: Das Unternehmen hat eine variabel verzinste Anleihe begeben, die im August 1999 zur Tilgung ansteht. Bis dahin wird jeweils am 1.8. und 1.2. eines Jahres der Zins auf Basis des 6-Monats-LIBORs festgelegt.
3. Kontokorrent: Die geplante Beanspruchung des Kontokorrentrahmens ergibt sich aus den Planzahlen des Tableaus.
4. Eurokredit: Über die Hausbank wurde ein Eurokredit aufgenommen. Die Planungen sehen vor, diesen Kredit bis mindestens 1999 zu prolongieren.
5. Hypothekendarlehen 1: Zur Erweiterung des Verwaltungsgebäudes wurde ein Hypothekendarlehen aufgenommen, dessen Zinsbindung im Januar 1998 ausläuft. Die neue Zinsbindungsdauer soll situationsgerecht zwischen 48 und 120 Monaten betragen; bevorzugt wird eine längerfristige Zinsbindungsdauer.
6. Hypothekendarlehen 2: Hiermit wurde der Neubau einer Lagerhalle finanziert. Die Zinsbindung läuft im Juni 1998 aus. Die neue Zinsbindungsdauer soll situationsgerecht zwischen 48 und 120 Monaten betragen; bevorzugt wird eine längerfristige Zinsbindungsdauer.
7. Verbindlichkeiten gegenüber verbundenen Unternehmen: Mit einer Tochtergesellschaft wurde ein Darlehensvertrag mit Laufzeit bis Oktober 1998

				Periode	Apr 97	Mai 97	Jun 97	Jul 97	Aug 97	Sep 97
Nr.	Bilanzposition Bezeichnung	Zins % / fest bis	Referenzzins	Tilgung / Dauer Zins	Betrag / Zins (in TDM)	Betrag / Zins (in TDM)	Betrag / Zins (in TDM)	Betrag / Zins (in TDM)	Betrag / Zins (in TDM)	Betrag / Zins (in TDM)
1	Aktiva D.IV. Termin-geld	2,95% 05.97	Geld-markt	keine bisher: 3 Mon.		2.500 18,46			*2.500 18,50*	
2	Passiva D.1. Anleihe	4,09% 08.97	6-Monats-Libor + 1,0%	Gesamt 08.99 6 Mon.					15.000 311,86	
3	Passiva D.2. Konto-korrent	7,80% entfällt	Geld-markt	keine variabel	*3.450 22,43*	*3.600 23,46*	*3.750 24,50*	*3.600 23,50*	*3.400 22,68*	*1.700 11,33*
4	Passiva D.2. Euro-kredit	3,96% 06.97	6-Monats-Libor + 0,8%	keine 6 Mon.			5.000 99,55			
5	Passiva D.2. Hypo.-Darl. 1	6,13% 01.98	Kapital-markt	1% p.a. bisher: 3 J.	4.825 73.94			4.799 73,55		
6	Passiva D.2. Hypo.-Darl. 2	8,05% 06.98	Kapital-markt	1% p.a. bisher: 7 J.			7.589 152.73			7.542 151,78
7	Passiva D.6. Verb. gg. ver-bund. U.	3,59% 04.97	3-Monats-Libor + 0,5%	Gesamt 10.98 3 Mon.	4.000 35.90			4.000 ?		
8	Passiva D.2. Verb. gg. Kreditinst.	5,50% 10.03	Kapital-markt	60 Raten 10.02 5 Jahre						

Abbildung 2.4. Aufbereitung der Bilanzpositionen nach Einzelgeschäften (Teil 1)

geschlossen. Die Verzinsung wird vierteljährlich auf LIBOR-Basis angepaßt. Nach Auslaufen der derzeitigen Vereinbarung wird ein neuer Darlehensvertrag über einen reduzierten Betrag von TDM 3.000 geplant.

8. Kredit bei der Hausbank: Im Oktober 1997 soll zur Finanzierung eines größeren Investitionsvorhabens ein Kredit bei der Hausbank über TDM 8.400 aufgenommen werden. Zum Planungszeitpunkt im März wären 5,5% Zins verhandelbar.

Periode		Okt 97	Nov 97	Dez 97	Jan 98	Feb 98	Mrz 98	2. Qu. 98	3.Qu. 98	4. Qu. 98
Nr.	Bilanzposition Bezeichnung	Betrag / Zins (in TDM)	Betrag / Zins (in TDM)	Betrag / Zins (in TDM)	Betrag / Zins (in TDM)	Betrag / Zins (in TDM)	Betrag / Zins (in TDM)	Betrag / Zins (in TDM*)	Betrag / Zins (in TDM*)	Betrag / Zins (in TDM*)
1	Aktiva D.IV. Termingeld									
2	Passiva D.1. Anleihe					15.000 *313,00*			15.000 ?	
3	Passiva D.2. Kontokorrent	*1.600* *10,67*	*2.700* *18,00*	*3.850* *24,33*	*3.950* *26,33*	*3.600* *24,00*	*3.200* *21,33*	*3.800* ?	*4.000* ?	*4.200* ?
4	Passiva D.2. Eurokredit			5.000 *100,00*				5.000 *100,50*		5.000 *100,50*
5	Passiva D.2. Hypo. Darl. 1	4.773 73,15			4.746 72,73			*4.719* ?	*4.691* ?	*4.662* ?
6	Passiva D.2. Hypo. Darl. 2			7.494 150,82			7.444 149,71	7.394 148,81	*7.343* ?	*7.291* ?
7	Passiva D.6. Verb. gg. verbund. U.	4.000 ?			4.000 ?			4.000 ?	4.000 ?	3.000 ?
8	Passiva D.2. Verb. gg. Kreditinst.	8.400	*8.260* *38,50*	*8.120* *37,86*	*7.980* *37,22*	*7.840* *36,58*	*7.700* *35,93*	*7.280 ** *103,95*	*6.860 ** *98,18*	*6.440 ** *92,40*

= ZÄR

Zahlen kursiv = Planwerte

? = kein Ist-/Planwert vorhanden

* = am Ende des Quartals; Zins je Quartal

Abbildung 2.4. Aufbereitung der Bilanzpositionen nach Einzelgeschäften (Teil 2)

Fortsetzung Beispiel:

Daneben existieren weitere Kredite, deren Zinsbindungsfristen aber über den Betrachtungszeitraum hinausreichen.
In Abbildung 2.4. zeigen die grau unterlegten Felder die Perioden an, in denen jeweils eine Neufestsetzung von Zinssätzen ansteht. Die kursiv gedruckten Daten sind Planzahlen; die Planungsabteilung hat bei der Planung teilweise schon Zinssteigerungen angenommen. Allgemein wird angenommen, daß die Zinsen in der 2. Jahreshälfte 1997 um bis zu 1 Prozent ansteigen. Für das Unternehmen ergeben sich folgende Zinsrisiken:

Periode	Nr.	TDM	Basis	erneute Festlegung nach	Gesamtlaufzeit
April 97	7	4.000	3-Monats-LIBOR	3 Monaten	18
Juni 97	4	5.000	6-Monats-LIBOR	6 Monaten	ca. 24
August 97	2	15.000	6-Monats-LIBOR	6 Monaten	17
Oktober 97	8	8.400	Kapitalmarkt	entfällt	60
Januar 98	5	4.746	Kapitalmarkt	entfällt	48-120
Juni 98	6	7.394	Kapitalmarkt	entfällt	48-120
Oktober 98	7	3.000	3-Monats-LIBOR	3 Monaten	?

Abbildung 2.5. Zinsrisikostruktur

Weiterhin existiert im Mai 97 ein Anlagerisiko bezüglich TDM 2.500 (Nr. 1). Da keine direkt vergleichbare Passivposition entgegensteht, ist ein natürliches Hedging nicht möglich. Außerdem besteht bezüglich des Kontokorrents permanent eine Zinsunsicherheit.

2.2.3 Das Zinsänderungsrisiko in Kennzahlen

Zinsänderungsrisiken werden entweder an den durch Marktzinsänderungen verursachten **Änderungen der periodischen Zinsüberschüsse**[24] (bilanzielles Risiko) bzw. deren Auswirkungen auf den Unternehmenserfolg[25] oder an den **zinsinduzierten Veränderungen des Reinvermögens**[26] (ökonomisches Risiko) gemessen[27].

Im ersten Fall wird das Zinsänderungsrisiko auf einen bestimmten Zeitraum (i.d.R. das Geschäftsjahr des Unternehmens) bezogen.

Im zweiten Fall dagegen wird die zinsinduzierte Marktwertänderung von Vermögens- und Schuldpositionen für einen bestimmten Zeitpunkt ermittelt. Dieser Zeitpunkt wird im Allgemeinen mit dem Termin zur Erstellung des Jahresabschlusses oder eines Zwischenberichts übereinstimmen.

2.2.3.1 Zinssensitivitätsanalyse

Die Zinssensitivitätsanalyse untersucht den Einfluß von Zinsänderungen auf den Unternehmenserfolg. Ein Instrument zu deren Abbildung ist die **Zinserfolgselastizität**. Diese zeigt, um wieviel Prozent sich der Erfolg ändert, wenn sich das Marktzinsniveau um einen Prozentpunkt ändert bzw. welche Zinsänderung zu einem Unternehmenserfolg von Null führt.

Die Zinssensitivität wird in ihrer allgemeinsten Form auf die kompletten zinstragenden Schuldpositionen[28] abzüglich der zinstragenden Aktiva eines Unternehmens bezogen. In der Bankpraxis ist in vielen Fällen eine Beschränkung auf die Passivpositionen üblich, da der Anteil zinstragender Aktiva bei den Unternehmen zumeist ohne Bedeutung ist. Darauf aufbauend kann dann eine Verfeinerung bezüglich der zinsvariablen Positionen erfolgen. Für die folgenden Ausführungen wird ein - für Unternehmen „normaler“ -

---

[24] Zinserträge - Zinsaufwendungen = Zinsüberschuß

[25] Eine geeignete Größe für den Unternehmenserfolg stellt der Jahresüberschuß vor Steuern vom Einkommen und vom Ertrag dar.

[26] = zinsinduzierte Änderung der Aktivpositionen - zinsinduzierte Änderung der Passivpositionen

[27] Zu den Zinsrisiken vgl. S. 4 f.

[28] Aktiv- und Passivpositionen, die keinen oder einen marktunabhängigen Verzinsungsanspruch begründen, bleiben außer Betracht. Hierunter fallen z.B. Verbindlichkeiten aus Steuern oder sozialen Abgaben.

passivischer Zinsüberhang unterstellt. Die Vorgehensweise läßt sich aber problemlos auf die Situation von Kapitalanlegern übertragen.

Die Analyse läuft in folgenden Schritten ab:

a. Aufbereitung der Daten

In einem ersten Schritt werden der Zinsaufwand und die zu verzinsenden Schuldpositionen, gegliedert nach kurz-, mittel- und langfristig, ermittelt. Durch Gegenüberstellung der korrespondierenden Größen kann der Durchschnittszins je Laufzeitbereich und gesamt ermittelt werden. Da eine Zeitraumbetrachtung vorliegt, muß für die Schuldpositionen ein Durchschnitt aus Jahresanfangs- und Jahresendwert gebildet werden. Bei einer internen Analyse kann die Aussagefähigkeit dadurch verbessert werden, daß unterjährige Positionen nur mit dem entsprechenden Zeitanteil eingehen.

Diese Ergebnisse können mit den aktuellen Marktzinsen verglichen werden. Je niedriger der Return on Investment (RoI) eines Unternehmens im Vergleich zu den Marktzinsen liegt, desto größer ist die Gefahr, daß sich nachteiligen Zinsänderungen der Zinssaldo und folglich das Unternehmensergebnis verschlechtert.

Die Zuordnung der einzelnen Positionen zu den Fristigkeitsbereichen wurde bislang offen gelassen. Grundsätzlich sind drei Regeln möglich:

1. Zuordnung nach der Gesamtlaufzeit;
2. Zuordnung nach der Restlaufzeit (wie im HGB für die Bilanzierung vorgeschrieben);
3. Zuordnung nach der (geplanten) Zinsbindungsdauer.

Möglichkeit 3 stellt für den Untersuchungszweck die geeignetste Zuordnungsregel dar, da damit alle Positionen zusammengefaßt werden, die bezüglich der Zinsfestlegung dem gleichen Laufzeitbereich angehören. Weder die Gesamtlaufzeit noch die Restlaufzeit stellen bezüglich der Zinsfestlegung eine einheitliche Basis dar. Vielmehr können sich auch mittel- und langfristige Kredite auf kurzfristige Zinssätze beziehen.

Beispiel 2.6. Fristenzuordnung von Passivpositionen

1. Ein Grundschulddarlehen wird mit variabler, d.h. am Geldmarkt orientierter Verzinsung aufgenommen.

2. Eine Anleihe mit 5 Jahren Laufzeit verzinst sich auf LIBOR-Basis. Die Verzinsung der Anleihe wird in regelmäßigen Abständen, z.B. quartalsweise an den aktuellen LIBOR-Satz angepaßt.

Die Restlaufzeit hat prinzipiell keinen Bezug zur Zinsbasis und ist für Zinsrisikobetrachtungen ungeeignet.[29]

b. Auswertungen

Es wird nun der Zusammenhang zwischen Unternehmensergebnis und Veränderung der Zinsen mittels Kennziffern dargestellt. Als Unternehmensergebnis (-gewinn) sollte der Jahresüberschuß vor Steuern vom Einkommen und Ertrag verwendet werden. Es gilt:

- **Maximal zulässiger Zinsanstieg** bis zum Erreichen des Verlustbereichs:

$$\Delta Z_{max} = Unternehmensgewinn \, / \sum Schuldpositionen * 100$$

Mittels dieser Kennziffer kann die zinsinduzierte Gefahr eines Verlustes eingeschätzt werden. Hilfreich ist dabei der unter Punkt a. vorgenommene Vergleich mit dem Marktzinsniveau. Die Situation eines Unternehmens ist um so kritischer,

  - je kleiner der maximal zulässige Zinsanstieg ist und
  - je niedriger der Durchschnittszins im Vergleich zum Marktzins ist.

Einschränkend muß angemerkt werden, daß die so ermittelte Größe fiktiven Charakter hat; es wird kein Unterschied bezüglich der Zinsbindungsfristen bzw. deren Ende vorgenommen. Es ist also in zweifacher Hinsicht zu differenzieren: Erstens können alle Positionen in die Analyse einbezogen werden, die innerhalb einer gewissen Frist (z.B. eines Jahres) eine Zinsveränderung erfahren werden:

Anstelle der gesamten werden nur die kurzfristig veränderlichen zinstragenden Schuldpositionen in die Formel eingesetzt.

Da die an kurzfristige Zinsen gebundenen Verbindlichkeiten in der Regel schneller und stärker[30] auf Zinsveränderungen reagieren, kann die Kennzahl ΔZ_{max} diesbezüglich in einer zweiten Variante berechnet werden:

Anstelle der gesamten werden nur die von kurzfristigen Zinsen abhängenden zinstragenden Schuldpositionen in die Formel eingesetzt.

[29] Die Restlaufzeit wird im vorliegenden Kontext als (Rest-)Kapitalbindungsdauer bezeichnet. Von Interesse ist jedoch hier die (Rest-)Zinsbindungsdauer. Vgl. hierzu auch S. 4.

[30] Im kurzfristigen Bereich verläuft die Zinsentwicklung meist schneller und mit größeren Ausschlägen.

Das Ergebnis zeigt den zulässigen Anstieg der kurzfristigen Zinsen. Der Vergleich der bezahlten kurzfristigen Zinsen mit dem kurzfristigen Marktzins bzw. dem erwarteten Zinsverlauf verdeutlicht dann wieder, wie groß das Gefahrenpotential für das Unternehmensergebnis ist.

- **Gewinnminderung** durch Anstieg der Zinsen um 1% p.a.:

$$\Delta G = \sum Schuldpositionen / 100$$

Auch diese Kennziffer kann entweder für die gesamten oder nur für die kurzfristigen Schuldpositionen ermittelt werden. Das Ergebnis veranschaulicht, welchen Einfluß die Zinsverpflichtungen auf das Unternehmensergebnis haben.

- **Zinserfolgselastizität**:

$$\varepsilon = \frac{\Delta G / G}{0{,}01}$$

Der Nenner gibt die Veränderung des Zinsniveaus um 1% (=0,01) vor, der Zähler die zugehörige relative Veränderung des Gewinns[31]. Das Ergebnis zeigt, um wieviel Prozent sich das Unternehmensergebnis bei einem Zinsanstieg um 1% verändert. Je höher diese Kennziffer ist, desto zinsreagibler ist das Unternehmensergebnis.

c. Analyse auf Basis der zinsvariablen Positionen

Anstelle der gesamten zinstragenden Schuldpositionen können auch nur die zinsvariablen Verbindlichkeiten[32] gemäß der Zinsrisikostruktur[33] in die Analyse einbezogen werden. Als zinsvariabel werden alle Positionen eingestuft, bei denen eine Anpassung des Zinssatzes laufend bzw. in Kürze ansteht.

Die Darstellung auf Basis der gesamten zinstragenden Schuldpositionen gestattet einen grundsätzlichen Einblick in die Zinsabhängigkeit des Unternehmensergebnisses. Die

[31] Hier liegt keine Elastizitätsformel im herkömmlichen Sinne vor, da eine relative Veränderung (hier: Gewinn) durch eine absolute Veränderung (hier: Zins) dividiert wird. Die Zinsveränderung um 1% bedeutet z.B. einen Anstieg von 5% auf 6% (absolute Größe) und nicht von 5 auf 5,05% (relative Veränderung um 1%).

[32] Gegebenenfalls korrigiert um entsprechende zinsvariable Aktiva.

[33] Vgl. hierzu Kapitel 2.2.2

korrigierte Version auf Grundlage der zinsvariablen Verbindlichkeiten verdeutlicht hingegen die aktuelle Gefährdung des Unternehmens durch Zinsanpassungen.
Als Grundlage kann die tabellarische Darstellung der Zinsrisikostruktur dienen. Die monatsweise Betrachtung sollte allerdings aufgegeben und durch eine Jahresschau ersetzt werden. Weiterhin kann die Betrachtung dynamisiert werden. Dazu müssen die auf Jahresbasis ermittelten zinsvariablen Positionen kumuliert und die Formeln mittels Einführung eines Jahresindex zeitabhängig gestaltet werden.

Beispiel 2.7. Zinssensitivitätsanalyse[34] auf Basis der Zinsbindungsdauer

Abbildung 2.6. zeigt eine Zinssensitivitätsanalyse. Die Daten wurden von Beispiel 2.5. zur Zinsrisikostruktur übernommen.[35] Ergänzend wurden folgende Positionen verändert bzw. hinzugefügt:

1. Das Termingeld wird mit negativem Vorzeichen ausgewiesen, damit in der Summe eine Saldierung mit den Verbindlichkeiten erfolgt.
9. Kredit bei der Hausbank: Die Zinsfestschreibung läuft noch bis in das Jahr 2000.
10. Kredit bei der Hausbank: Die Zinsfestschreibung läuft noch bis in das Jahr 2003.

In den Spalten werden folgende Daten ausgewiesen:

Zuordnung Frist: Zinsbindungsdauer

Durchschnitt TDM: Durchschnittlicher Anlage- bzw. Kreditbetrag; bei Positionen, die nicht vom 1.1. bis 31.12. existent sind, sind die ausgewiesenen Beträge zeitanteilig berechnet.

Fristigkeit 1997 bzw. 1998 (kurz/mittel/lang): Die in den Spalten Durchschnitt TDM ausgewiesenen Beträge werden nach der Zinsbindungsdauer eingeteilt.

Zins TDM: Zinsbeträge der jeweiligen Position (Jahreswert); sofern in der Planung keine Werte vorhanden waren, wurden die Werte der Vorperioden fortgeschrieben.

Die Analyseergebnisse werden in den Zeilen 11 - 16 dargestellt; Zeile 17 enthält den (voraussichtlichen) Jahresüberschuß vor Steuern von TDM 1.100. Im einzelnen ergibt sich:

11. Summe der in den Positionen 1-10 ausgewiesenen Werte.
12. Summe der auf den Wert von Zeile 11 entfallenden Zinsen.

[34] Fortsetzung von S. 15ff.
[35] Vgl. Abbildung 2.4.

13. Der Durchschnittszins wird berechnet aus dem Verhältnis von Zeile 12 zu Zeile 11.
14. Maximal zulässiger Zinsanstieg bis zum Erreichen des Verlustbereichs ΔZ_{max} (Zeile 17 / Zeile 11 * 100%). Ergänzend wurde diese Kennziffer für die kurzfristig variablen Teile der zinstragenden Positionen berechnet.
15. Gewinnminderung durch Anstieg der Zinsen um 1% ΔG (Zeile 11 * 1%)
16. Zinserfolgselastizität ε (Zeile 15 / Zeile 17 / 1%)
17. Unternehmensergebnis = JÜ vor Steuern vom Einkommen und Ertrag

Beurteilung:
Bezogen auf die gesamten zinstragenden Positionen liegt für das Unternehmen der break-even bei einem Zinsanstieg von bis zu 2,31% (1997) bzw. 2,06% (1998). Diese Schwellenwerte sind mit der Erwartung bezüglich der allgemeinen Zinsentwicklung zu vergleichen. Aufgrund der historisch sehr niedrigen Marktzinsen, erscheint ein solcher Anstieg nicht ausgeschlossen. Eine Absicherung gegen steigende Zinsen ist empfehlenswert.
Auch die Zinserfolgselastizität ε verdeutlicht die starke Abhängigkeit des Unternehmensergebnisses von der Zinshöhe: Ein Zinsanstieg um 1% reduziert das Ergebnis um 43,30% bzw. 48,47%. Beide Größen verschlechtern sich von 1997 auf 1998! Diese Entwicklung sollte für die Folgejahre beobachtet werden: Die mit den Krediten getätigten Investitionen sollten über die zugehörigen Rückflüsse zu einer Verbesserung der Kennziffern führen.
Die Aussagen relativieren sich, wenn nur die kurzfristig variablen Positionen betrachtet werden. Der Zinsanstieg kann dann bei über 4% liegen, ohne daß dem Unternehmen ein Verlust entsteht. Ein derart steiler Zinsanstieg ist auch innerhalb einer Frist von zwei Jahren kaum zu erwarten. Die Zinserfolgselastizität beträgt allerdings immer noch knapp 25%. Auch dieser Wert zeigt einen deutlichen Absicherungsbedarf gegen steigende Zinsen auf!

				Periode	1997	1998	Fristigkeit 1997			Fristigkeit 1998			1997	1998
Nr.	Bilanzposition Bezeichnung	Zins % / fest bis	Referenz-zins	Zuordnung Frist	Durchschnitt TDM	Durchschnitt TDM	kurz	mittel	lang	kurz	mittel	lang	Zins TDM	Zins TDM
1	Aktiva D.IV. Termingeld	2,95% 05.97	Geld-markt	kurz	-1.250	0	-1.250			0			-37	0
2	Passiva D.1. Anleihe	4,09% 08.97	6-Monats-Libor + 1,0%	kurz	15.000	15.000	15.000			15.000			624	626
3	Passiva D.2. Kontokorrent	7,80% entfällt	Geld-markt	kurz	3.725	0	3.725			3.925			260	302
4	Passiva D.2. Eurokredit	3,96% 06.97	6-Monats-Libor + 0,8%	kurz	5.000	5.000	5.000			5.000			200	201
5	***Passiva D.2. Hypo.-Darl. 1***	6,13% 01.98	Kapital-markt	lang	4.812	0			4.812	***4.718***		***0***	295	301
6	***Passiva D.2. Hypo.-Darl. 2***	8,05% 06.98	Kapital-markt	lang	3.818	0			7.565	***7.393***		***0***	609	536
7	Passiva D.6. Verb. gg. verbund. Untern.	3,59% 04.97	3-Monats-Libor + 0,5%	kurz	4.000	3.500	4.000			3.500			144	135
8	***Passiva D.2. Verb. gg. Kreditinst.***	5,50% 10.02	Kapital-markt	mittel	1.377	0	***1.377***	***0***		***7.280***	***0***		76	404
9	Passiva D.2. Verb. gg. Kreditinst.	7,50% 01.00	Kapital-markt	mittel	2.900	2.600		2.900			2.600		218	195
10	Passiva D.2. Verb. gg. Kreditinst.	6,10% 05.03	Kapital-markt	lang	4.500	3.900			4.500			3.900	275	238
11			Summe Positionen		43.881	30.000	27.852	2.900	16.877	46.816	2.600	3.900	2.663	2.938
12			Summe Zinsen		2.663	2.938	1.266	218	1.179	2.505	195	238		
13			Durchschnittszins		6,07%	9,79%	4,55%	7,52%	6,99%	5,35%	7,50%	6,10%		
14			ΔZ_{max}		2,51%	3,67%	3,95%			2,35%				
15			ΔG		439	300	279			468				
16			ε		39,89%	27,27%	25,32%			42,56%				
17			Ergebnis		1.100	1.100								

Abbildung 2.5. Zinssensitivitätsanalyse: Auswertung

Beispiel 2.8. Zinssensitivitätsanalyse[36] auf Basis der zinsvariablen Positionen

Die Daten werden aus dem vorstehenden Beispiel 2.5. übernommen. Als zinsvariabel gelten für einen Zeitraum alle Positionen, bei denen eine Zinsanpassung erfolgt oder eine Zinsvereinbarung getroffen werden muß. Folglich können alle Positionen mit kurzfristiger Zinsbindungsdauer übernommen werden; hinzu kommen alle mittel- und langfristigen Positionen, die in den betreffenden Jahren (hier: 1997, 1998) zur Zinsfestlegung anstehen. Dies betrifft im Beispiel:

4. Hypothekendarlehen: Die Zinsbindung endet 1998. Die Position wird damit in 1998 zinsvariabel.
5. Hypothekendarlehen: Die Zinsbindung endet 1998. Die Position wird damit in 1998 zinsvariabel.
6. Kreditaufnahme im Oktober 1997; da ein Zinsanstieg in das Jahr 1998 hinein wirkt, wird die Position auch 1998 als zinsvariabel eingestuft.

Die Summe der zinsvariablen Positionen liegt (zwangsläufig) über der auf Basis der kurzfristigen Zinsbindungsdauer. Für die Kennziffern ergeben sich folgende Werte:

Kennziffer	*1997*	*1998*
ΔZ_{max}	3,95%	2,35%
ΔG	279	468
ε	25,32%	42,56%

Durch die anstehende Aufnahme (Pos. 8) bzw. Neufestlegung der Zinshöhe (Pos. 5 und 6) verschlechtern sich die Kennziffern. Allerdings ist zu beachten, daß der Zinsanstieg nunmehr nicht nur den kurzfristigen Bereich sondern auch die mittel- und langfristigen Marktzinsen erfassen muß. In 1998 wirkt die für Oktober 1997 geplante Kreditaufnahme (Position 8) negativ auf die Risikohöhe. Sobald die Zinshöhe für diesen Kredit feststeht, sollte eine Neuberechnung der Kennziffern erfolgen.

Grundsätzlich zeigen auch diese Ergebnisse eine deutliche Abhängigkeit des Unternehmensergebnisses von der Entwicklung am Zinsmarkt. Eine Absicherung einzelner Positionen ist empfehlenswert. Ein erster Schritt wäre das Festschreiben der Zinsen für Position 8; damit kann das geplante Ergebnis in dieser Hinsicht

[36] Fortsetzung von S. 15 ff.

festgeschrieben werden. Der zusätzliche Aufwand aus der Zinsabsicherung ist gewinnmindernd zu berücksichtigen!

2.2.3.2 Durationsanalysen

Ein mögliches **Maß für die Kursvolatilität** (Preisreaktion auf marginale Zinsänderungen) eines festverzinslichen Finanztitels ist die **Duration**. Die Duration gibt die durchschnittliche Kapitalbindungsdauer einer zinstragenden Position an.
Am Barwert orientierte Ansätze zur Abbildung von Zinsrisiken stützen sich häufig auf **Durationsanalysen**, da die Wertänderung einer Position von der Marktzinsänderung und der Duration bestimmt wird. Bei Durationsanalysen wird das **Duration-Gap der Festzinsaktiva und -passiva** als eine dem Zinsänderungsrisiko annähernd proportionale Größe bestimmt.

Aus diesem Grund werden Durationsbetrachtungen vor allem im Bereich der Kapitalanlagen sowie zur Aktiv-Passiv-Steuerung eingesetzt.

Es gibt verschiedene Ausprägungen von Durationskennzahlen: Macaulay Duration, Modified Duration und Dollar Duration. Die am weitesten verbreitete Form der Duration ist die **Duration nach Macaulay.** Die Macaulay Duration ist der gewichtete Durchschnitt aller Zahlungszeitpunkte einer Finanzposition, wobei die Zeiträume bis zu den einzelnen Zahlungen mit ihrem Anteil am Barwert aller Zahlungen gewichtet werden. Sie ist also das gewichtete arithmetische Mittel der Zins- und Tilgungszahlungen eines festverzinslichen Titels. Während sie für kuponlose Titel (Zerobonds) gleich der Restlaufzeit ist, ist sie für alle anderen verzinslichen Titel geringer als die Restlaufzeit.[37]

Die Macaulay-Duration ist um so größer,

- je niedriger der Kupon,
- je höher der Abzinsungsfaktor in der Ausgangslage und
- je länger die Restlaufzeit

sind. Dabei bezieht sich die prozentuale Kursveränderung auf den Dirty-Price. Dies ist der Kurs eines Finanztitels erhöht um die aufgelaufenen Stückzinsen. Der primäre Bestimmungsfaktor für die Duration und damit für Kursveränderungen ist bei kurz- und

[37] Vgl. Fabozzi/Modigliani (1991), S. 393 ff; Eilenberger (1993), S. 332; Bußmann (1988), S. 88 - 94.

mittelfristigen Titeln die Laufzeit. Bei längeren Laufzeiten gewinnt dagegen das Marktzinsniveau an Bedeutung.

Die Duration in Jahren nach **Macaulay** D_{MAC} ist algebraisch darstellbar als:[38]

$$D_{MAC} = (\sum_{i=1}^{n} t_i c_i e^{-yt_i}) : (\sum_{i=1}^{n} c_i e^{-yt_i});$$

oder auch einfacher als:

$$D_{MAC} = \sum_{i=1}^{n} t_i c_i (1+y)^{-t_i} : \sum_{i=1}^{n} c_i (1+y)^{-t_i}$$

wobei C_i = Zahlungen (Zins und Tilgung) zum Zeitpunkt t
t_i = Index der Zeit; definiert für: $t_i = t_1 .... t_n$.
t_n = Fälligkeit des Kassageschäfts
y = Rendite
e = Eulersche Zahl

Das Kursrisiko eines Finanztitels ist um so größer, je höher die Macaulay Duration ist. Für den Kreditnehmer gilt: Eine hohe Duration ist bei steigenden Zinsen vorteilhaft und bei fallenden Zinsen negativ zu werten. Die prozentuale Preisänderung von Finanztiteln wird mittels der Macaulay Duration folgendermaßen berechnet:[39]

$$\text{Prozentuale Preisänderung} = \frac{-\,MacCaulayDuration * Renditeänderung * 100}{(1 + Rendite\,/\,Anzahl\_Kuponzahlungen\_pro\_Jahr)}$$

Beispiel 2.9. Berechnung der Preisänderung mittels Duration[40]

Eine 5 %-Anleihe mit 20 Jahren Restlaufzeit und halbjährlicher Kuponzahlung notiert mit 63,1968 % bei einer Rendite von 9 %. Die Macaulay-Duration beträgt 10,87 Jahre. Falls die Rendite von 9 % auf 9,10 % steigt, kann die prozentuale Preisänderung mittels der Duration näherungsweise berechnet werden:

[38] Vgl. Hull (1993), S. 99f.; Pitts/Fabozzi (1990), S. 60.
[39] Vgl. Kruschwitz/Wolke (1994), S. 382; Fabozzi/Modigliani (1991), S. 392 - 395; Diwald (1994), S. 31 - 36.
[40] Vgl. Pitts/Fabozzi (1990), S. 61

$$\textit{Prozentuale Preisänderung} = \frac{-10{,}87}{(1+0{,}09/2)} * (+0{,}0010) * 100 = -1{,}04\%$$

Gemäß der obigen Formel ergibt sich also eine Preisänderung von 1,04 %. Die tatsächliche Preisänderung beträgt jedoch bei einem Renditeanstieg von 10 Basispunkten 1,03 % und bei einem Renditerückgang um 10 Basispunkte 1,05 %.

Falls versucht wird, aktiv die Zinsentwicklung zur Leistungsverbesserung zu nutzen, sollte die **Modified Duration** angewendet werden. Als negative Elastizität des Preises eines festverzinslichen Wertpapiers in bezug auf Zinsänderungen läßt sie sich folgendermaßen darstellen:[41]

Modified Duration = Duration nach Macaulay / (1 + Rendite)

$$= \frac{1}{\text{Anzahl Zahlungen/ Jahr}} \sum_{t=1}^{T} t \, \frac{\text{Zahlungen aus dem Finanztitel in der jeweiligen Periode } (1+\text{Wertpapierrendite})^{-t}}{\text{Barwert aller Zahlungen aus dem Finanztitel } (= \text{Preis})}$$

Die prozentuale Preisänderung kann somit folgendermaßen berechnet werden:

Prozentuale Preisänderung = - Modified Duration * Renditeänderung * 100

Eine weitere Meßzahl für die Preisreagibilität eines festverzinslichen Finanztitels ist die **Dollar Duration**, die auch als "Price Value of a Basis Point (**PVBP**)" bezeichnet wird. Die Dollar Duration gibt die absolute Kursänderung des Finanztitels in Geldeinheiten für eine Änderung der Rendite um einen Basispunkt (0,01 %) an:

Dollar Duration = Modified Duration * Kurs des Kassatitels im Zeitpunkt t / 100

Daraus kann die absolute Preisänderung folgendermaßen berechnet werden:[42]

$$\text{Absolute Preisänderung} = \frac{-\text{Kurs des Kassatitels im Zeitpunkt t}}{(1+\text{Rendite})} * D_{MAC} * \text{Renditeänderung}$$

Die erfolgreiche Messung des Zinsänderungsrisikos mittels der Duration hängt davon ab, welcher Zinsänderungsprozeß unterstellt wird und wie sich die Renditestruktur

[41] Vgl. Fabozzi/Modigliani (1991), S. 396 - 398; Diwald (1994), S. 36 f.

[42] Vgl. Diwald (1994), S. 37ff; Pitts/Fabozzi (1990), S. 63.

tatsächlich von einer Periode zur anderen verändert. Bei der Macaulay Duration, der Modified Duration und der Dollar Duration wird zur Barwertermittlung eine fiktive, flache Zinskurve unterstellt und somit sämtliche Zahlungen mit einem einheitlichen Zinssatz bewertet. Da ein linearer Zusammenhang zwischen Rendite- und Kursänderung unterstellt wird, eignet sich die Duration zur Kursabschätzung nur bis zu ca. 100 Basispunkten (= 1%). Hingegen ist bei größeren Renditeveränderungen der lineare Zusammenhang nicht mehr gegeben, wodurch die geschätzte Kursentwicklung mit Ungenauigkeiten behaftet ist. Aufgrund des nicht linearen Barwertverlaufs gilt allgemein, daß man bei Kursrückgängen die Änderung mit der Duration überschätzt und bei einem Kursanstieg unterschätzt. Die Kennzahl "**Konvexität**" (convexity) erfaßt diesen Schätzfehler.[43]

Falls der Barwert von ausschließlich positiven Zahlungen in Abhängigkeit vom Zins grafisch dargestellt wird, erhält man eine konvexe und keine lineare Funktion, da der Barwert um so schwächer auf Zinsänderungen reagiert, je höher das Zinsniveau ist.[44]

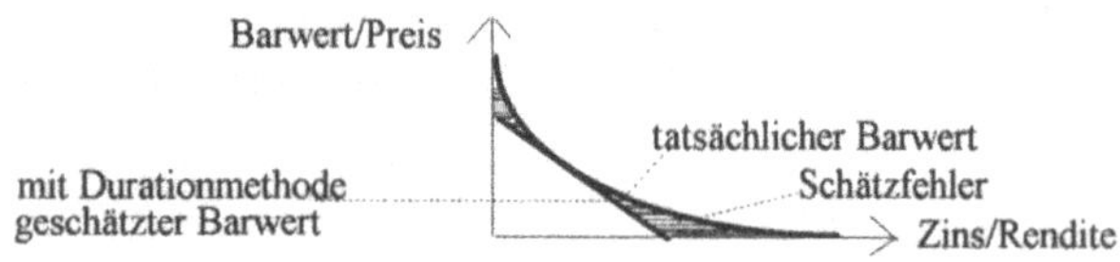

Abbildung 2.7: Barwert von ausschließlich positiven Zahlungen in Abhängigkeit vom Zins

Die Konvexität ist die erste Ableitung der Duration in Abhängigkeit von der Rendite.[45] Die **Konvexität** (in Jahren) einer optionsfreien festverzinslichen Anleihe an einem Kuponzahlungstag kann mit der folgenden Formel näherungsweise berechnet werden:[1]

$$\text{Konvexität} = [1 \div (1 + \text{Rendite} / k)^2\ ] * \sum_{t=1}^{n} \underline{(t^*(t+1)PVCF_t) \div (k^*k^*PVTCF)}$$

wobei: k = Anzahl der Kuponzahlungen pro Jahr
n = Restlaufzeit in Jahren multipliziert mit der Anzahl Kuponzahlungen pro Jahr
t = Periode in der der Zahlungseingang erfolgen wird (t = 1,....n)

[43] Vgl. Kruschwitz/Wolke (1994), S. 383; Hull (1993), S. 103; Eller (1991), S. 323; Beilner/Mathes (1990), S. 453; Köpf (1989b).

[44] Vgl. Kruschwitz/Wolke (1994), S. 382.

[45] Die erste Ableitung der Macaulay Duration wird als Macaulay Konvexität bezeichnet. Analog ist die erste Ableitung der Modified Duration als Modifizierte Konvexität und die erste Ableitung der Dollar Duration als Dollar Konvexität zu bezeichnen.

$PVCF_t$=Barwert der Zahlungen im Zeitpunkt t, abgezinst mit der Rendite auf die Restlaufzeit
PVTCF=Barwert der gesamten Zahlungen = Preis der Anleihe

Der Schätzfehler mit der Durationmethode aufgrund der Konvexität läßt sich dann annähernd wie folgt berechnen:
Schätzfehler = 0,5 * Konvexität * (Renditeänderung)² * 100.

Um dann das Ergebnis aus der Durationmethode mit der Konvexität zu verbessern, werden die Ergebnisse der beiden Methoden addiert:[46]

Prozentuale Preisänderung =

$$\frac{-\,MacaulayDuration * \Delta Rendite * 100 + 0{,}5 * Konvexität * \Delta Rendite^2 * 100}{(1 + Rendite / k)}$$

mit:

$\Delta Rendite$ = Renditeänderung

Beispiel 2.10. Duration und Konvexität

Bei der 5%-Anleihe aus Beispiel 2.9. kann die Preisänderung, die allein von der Krümmung der Preis-Rendite-Beziehung verursacht wird, bei einer Konvexität von 160,86 und einer Renditeänderung von 0,1 % mit folgender Rechnung ungefähr ermittelt werden:[47]

Korrektur (Konvexität) = 0,5 * 160,86 * (0,001)² * 100 = 0,00804 %

Somit ist die ungefähre Preisänderung:

bei einem Renditeanstieg um 0,10 % mit der		*bei einem Renditerückgang um 0,10% mit der*	
Durationmethode	- 1,040 %	**Durationmethode**	+ 1,040 %
Konvexität	+0,008 %	**Konvexität**	+ 0,008 %
zusammen	- 1,032 %	**zusammen**	+ 1,048 %

[46] Vgl. Fabozzi/Modigliani (1991), S. 398 - 401; Pitts/Fabozzi (1990), S. 62 ff.
[47] Vgl. Pitts/Fabozzi (1990), S. 68.

2.3 Kredite mit variabler Verzinsung

Im Angebot der Kreditinstitute finden sich neben Krediten mit festen Konditionen auch variabel verzinste Kredite. Die wichtigsten Formen sind:

1. Darlehen mit veränderlichem Zins,
2. Eurokredite,
3. Kontokorrentkredit.

Diese Kreditformen unterscheiden sich im wesentlichen durch die Art der Zinsanpassung sowie die (fest vereinbarte) Überlassungsdauer. Bei der Finanzierung über variabel verzinste Kredite sind zwei Problemfelder zu beachten:

- Das Risiko des Kapitalentzugs (Nicht-Prolongation) tritt bei jeder Verlängerung bzw. Kündigungsmöglichkeit des Kreditgebers auf. Dieses Risiko kann den allgemeinen Bonitätsrisiken des Kreditnehmers zugeordnet werden, da eine Prolongation in der Regel nur bei nicht ausreichender Kreditwürdigkeit verweigert wird.
- Ein zunächst niedriger Zinssatz kann im Zeitablauf eine ungünstige Entwicklung nehmen, so daß ein anfänglicher Zinsvorteil gegenüber der Festsatzfinanzierung verloren geht und sich in einen Zinsnachteil verkehrt.

In den zurückliegenden Jahren war die variable Finanzierung oftmals vordergründig günstiger als eine Festsatzfinanzierung. Die Vorteilhaftigkeit einer variabel verzinsten Finanzierung läßt sich nur ex ante oder durch Einbeziehen der Kosten von Instrumenten[48] zur Risikobegrenzung ermitteln.

2.3.1 Darlehen mit veränderlichem Zins

Darlehen mit veränderlichem Zins unterscheiden sich von Festsatzdarlehen nur durch die Zinsanpassung. Die Darlehen werden in einer Summe oder in Teilbeträgen zur Verfügung gestellt und in festgelegten Raten oder in einer Summe am Laufzeitende zurückbezahlt. Darlehen mit veränderlichem Zins (b.a.w.-Sätze) bieten dem Kreditnehmer die Möglichkeit der Beschaffung mittel- oder langfristiger Mittel zu Geldmarktkonditionen. Die Mehrzahl derartigen Kreditverträge enthält eine Klausel, die

[48] Vgl. hierzu Kapitel 4.

es dem Kreditgeber gestattet, die Zinshöhe jederzeit und beliebig oft an die Marktlage anzupassen. Grundsätzlich ist es möglich, die Zinsanpassung an einen objektiv nachvollziehbaren Referenzzins zu binden. Möglich sind vor allem die Eurogeldmarktsätze LIBOR und FIBOR[49]. Die Durchsetzung einer derart ausgestalteten Zinsanpassungsklausel hängt wesentlich von der Verhandlungsposition des Kreditnehmers und den jeweiligen Erwartungen zur Entwicklung des Zinsniveaus ab. Die in Abbildung 2.8. dargestellte Kopie eines Darlehensvertrages (Formularvertrag) zeigt beispielhaft eine Kreditvereinbarung mit variablem Zinssatz. Beispiele für die Vielfach werden heute in solchen Verträgen leicht anpaßbare Textbausteine verwendet; Abbildung 2.9. zeigt eine Auswahl.

Da diese Darlehen vom Kreditgeber meist kurzfristig refinanziert werden, entsteht ein Zins(anpassungs)risiko, das sich an der Veränderung der Geldmarktzinsen bemißt. Dieses Risiko wird an den Kreditnehmer weitergegeben: er muß während der Kreditlaufzeit fortdauernd mit Zinsanpassungen durch den Kreditgeber rechnen.

Das Risiko des Kapitalentzugs hingegen entfällt, da die Tilgung wie bei einem Festsatzkredit im Darlehensvertrag vereinbart wird.

Für größere Schuldner bieten sich als mittel- und langfristige Finanzierungsformen auch Schuldverschreibungen mit variablen Zinssätzen (Floating Rate Notes = FRN) an. Bei FRN wird der Zinssatz an einen Vergleichszinssatz gebunden und mit einer periodischen Zinsanpassung versehen. Die Verzinsung lautet in der Regel auf den Vergleichszinssatz zuzüglich einem Spread (z.B. 6-Monats-LIBOR + 7/8%). Das ZÄR entspricht dem bei einem Kredit mit variabler Verzinsung. Allerdings sind der Anpassungsmaßstab und die Anpassungszeitpunkte bekannt. Dies erleichtert eventuelle Zinsabsicherungsstrategien, da Zeitpunkt und Referenzgröße in die Absicherung übernommen werden können. Legt hingegen der Kreditvertrag keine Anpassungsroutine oder eine Anpassung bei Überschreiten bestimmter Zinsgrenzen fest, so sind Zeitpunkt und / oder Referenzgröße unbekannt.

Der Kreditvertrag in Abbildung 2.8. beinhaltet eine Zinsobergrenze von 8,2%. Das ZÄR wird damit in der Höhe beschränkt. Letztendlich beinhaltet der Kreditvertrag zwei Bausteine:

---

[49]FIBOR = Frankfurt Interbank offered Rate; LIBOR = London Interbank offered Rate. Beides sind Geldmarktsätze unter Banken.

Darlehen mit veränderlichem Zins

mit dinglicher Sicherheit

Konto Nr 6.706
Datum 25.07.94

R GmbH

– nachstehend der Darlehensnehmer genannt – erhält/erhalten von der Sparkasse zu folgenden Bedingungen ein

Abzahlungs Darlehen im Nennbetrag von 200.000,00 Deutsche Mark

Gutschriftskonto 341 Belastungskonto 341

1 Darlehenshöhe, Kosten, Rückzahlung

1.1 **Verzinsung:** Das Darlehen ist mit jährlich 6,700 v. H zu verzinsen. Bei Änderungen der Marktlage ist die Sparkasse berechtigt, die Zinsen mit sofortiger Wirkung durch Erklärung gegenüber dem Darlehensnehmer zu senken oder zu erhöhen.

1.2 Die Sparkasse erhebt ein **Disagio** von —— v. H und eine einmalige **Bearbeitungsprovision** von —— v. H des Darlehensnennbetrages. Beide Beträge werden bei der ersten Auszahlung von der Sparkasse verrechnet. Die Bearbeitungsprovision wird bei vorzeitiger Rückzahlung des Darlehens nicht – auch nicht teilweise – erstattet. **Der Nettokreditbetrag** beträgt: 200.000,00 DM

1.3 **Effektivzinsangaben:** Der anfängliche effektive Jahreszins beträgt 6,950 v. H. . Dabei wurden verrechnet

das Disagio: auf einen Zeitraum von Jahren, für den dem Kreditnehmer bei regelmäßigem Kreditverlauf ein Zinsvorteil gewährt wird (Zinsvorteilszeitraum).

die Bearbeitungsprovision[1]: auf den obengenannten Zinsvorteilszeitraum / auf die voraussichtliche Laufzeit von ——

1.4 **Sonstige Kosten:** Alle durch den Abschluß und Vollzug dieses Vertrages einschließlich der Sicherheitenbestellung entstehenden Kosten trägt der Darlehensnehmer. Dies sind:
Kosten für die **Bestellung und Eintragung der Grundschuld(en)** nach den gesetzl. Vorschriften, Kosten der **Gebäude(brand)versicherung** gem. Tarif der Versicherungsgesellschaft,

Kontoführung z.Zt. DM 12,-- pro Jahr
Darlehensjahreskonto z.Zt. DM 10,-- pro Jahr

☐ Kosten lt. beigehefteter Anlage.

1.5 Gesamtbetrag gem. Verbraucherkreditgesetz auf der Grundlage der bei Abschluß des Vertrags maßgeblichen Kreditbedingungen ohne die obengenannten nicht bezifferbaren Kosten: entfällt[1]

Hinweis: Sofern ein Gesamtbetrag angegeben ist, kann sich dieser bei Änderung der Kreditbedingungen ermäßigen oder erhöhen.

1.6 **Bereithaltung, Nichtabnahme:** Der Darlehensnehmer ist verpflichtet, das Darlehen abzunehmen. Die Sparkasse ist an —— berechtigt, **Bereitstellungszinsen** von —— v. H jährlich des nicht in Anspruch genommenen Darlehensbetrages zu berechnen. Unterbleibt die Auszahlung endgültig aus einem Grund, den die Sparkasse nicht zu vertreten hat, bleiben ihr alle vertraglichen und gesetzlichen Rechte vorbehalten. Auch in diesem Fall wird die Bearbeitungsprovision erhoben. Dies gilt auch, wenn die Sparkasse von ihren Rechten gem. Nr. 9.3 Gebrauch macht.

1.7 **Rückzahlung und Zahlungstermine:** Alle fälligen Beträge werden jeweils dem oben bezeichneten Belastungskonto belastet. **Zinsen** sind erstmals an dem auf die erste Auszahlung folgenden Zahlungstermin, **Tilgungsbeträge** erstmals am 30.08.94 zu zahlen.

~~Tilgungsdarlehen: Tilgung v. H. jährlich des Darlehensnennbetrages zuzüglich der durch die Rückzahlung ersparten Zinsen.~~
Die jährliche Leistungsrate **(Zinsen und Tilgung)** beträgt z. Z. DM. ~~Sie ist in Teilbeträgen von~~ DM am zu zahlen. Bis zum Tilgungsbeginn sind nur die Zinsen zu diesen Terminen zu zahlen. Bei einer ~~Änderung des Zinssatzes (Nr. 1.1) kann die Sparkasse auch die Leistungsrate anpassen.~~

Abzahlungsdarlehen Tilgung jährlich 50.400,00 DM in Teilbeträgen von 4.200,00 DM jeweils am Monatsende **Die Zinsen** sind in Teilbeträgen jeweils am Monatsende zu zahlen.

~~Festdarlehen: Das Darlehen ist bis zum zurückzuzahlen. Die Zinsen sind jeweils am zu zahlen.~~

1.8 **Zahlt der Darlehensnehmer bei Fälligkeit nicht**, so kann die Sparkasse unbeschadet weitergehender Ansprüche ihren Verzugsschaden in Rechnung stellen.

2 Besondere Vereinbarungen

Verwendungszweck:

Der unter Ziffer 1.1 genannte variable Zinssatz ist mit der Maßgabe vereinbart, daß dieser während der Zeit bis zum 30.07.98 auf höchstens 8,2 % jährlich angehoben werden kann.

3 Sicherheiten

Das Darlehen kann erst in Anspruch genommen werden, wenn die vereinbarten Sicherheiten bestellt sind und der Sparkasse hierüber ggf. eine Bestätigung vorliegt. Der Sparkasse werden/wurden – unbeschadet der Haftung etwa bereits bestehender oder künftiger sonstiger Sicherheiten im Rahmen ihres Sicherungszwecks – in besonderen Urkunden folgende Grundschuld(en) nebst Nebenleistungen bestellt/abgetreten:

Derzeit keine neuen Sicherheiten.

Abbildung 2.8. Kreditvertrag mit variabler Verzinsung und Zinsobergrenze

a. ein Darlehen mit variabler Verzinsung und
b. den Kauf eines Caps (Zinsbegrenzung)[50].

Anstelle des abgebildeten Formularvertrags werden heute von den Kreditinstituten zunehmend Textbausteine verwendet, die entsprechende Zinsanpassungsklauseln (b.a.w.-Sätze) beinhalten. Die Formulierung lautet dann beispielsweise:

> *„Für die Inanspruchnahme unserer Mittel berechnen wir Ihnen bis auf weiteres (b.a.w.) einen Zinssatz in Höhe von __% p.a.. Die Zinsen werden jeweils zum Monats-/Quartalsende abgerechnet und dem Konto Nr. ______________ belastet. Den vorgenannten Zinssatz werden wir den wechselnden Verhältnissen am Geld- und Kapitalmarkt und den sich hieraus ergebenden Refinanzierungsmöglichkeiten durch Erhöhung oder Senkung in angemessener Form anpassen. Wir werden Sie darüber jeweils schriftlich informieren.*
>
> *Wir sichern Ihnen für den Fall einer Zinserhöhung das Recht zu, den Kredit innerhalb eines Monats - gerechnet vom Zeitpunkt der Ankündigung der Änderung des Zinssatzes an - zurückzuzahlen, wobei Ihnen für diesen Zeitraum nur der vorher gültige Zinssatz berechnet wird."*

Auch bei FRN sind Varianten mit Zinsober- und -untergrenzen bekannt. Daneben existiert eine Vielfalt an Varianten, die das ZÄR zum Teil erheblich verändern.[51]

2.3.2 Eurokredite

Eine weitere Möglichkeit besteht in der Aufnahme von Eurokrediten. Da das erforderliche Volumen für die meisten Unternehmen zu groß ist, bedient man sich einer Bank als Mittler. Damit ist es auch für kleinere mittelständische Unternehmen möglich, von den günstigen Zinsen am Euromarkt zu profitieren. Dabei sind auch Fremdwährungskredite in allen gängigen Währungen möglich; diese bieten die Chance der Verschuldung in einer Währung mit niedrigem Zinsniveau, dem allerdings ein erhöhtes Währungsrisiko gegenübersteht.

---

[50] Vgl. zu Caps Kapitel 4.3.1.1. Zinsbegrenzungsverträge, insbesondere Abschnitt a.
[51] So z.B. Umkehrfloater, die bei steigenden Marktzinsen eine sinkende Verzinsung und umgekehrt bieten. Die Zinskondition lautet dann beispielsweise 10% - LIBOR.

Diese Kredite werden auf Basis der Euromarktsätze LIBOR und FIBOR vergeben. Von den Banken wird meist ein Mindestbetrag von DM 500.000,-, bis zu 1 Mio. DM verlangt. In Einzelfällen sind jedoch auch bereits Beträge ab DM 100.000,- verhandelbar. Der Zinssatz wird meist durch einen Aufschlag auf den LIBOR oder FIBOR definiert. Die normale Spanne der Banken liegt bei 0,5 - 1,5%. In Ausnahmefällen werden auch 2% Aufschlag gefordert; hierbei handelt es sich um eine „Abschreckungskondition". Bei sehr guten Kunden sind auch geringere Margen von 0,25 bis 0,375% möglich.

Die im Kreditvertrag vereinbarte Spanne orientiert sich an der Bonität und Wichtigkeit des Kunden für die Bank, der Laufzeit und am Betrag. Je länger die Laufzeit und je höher der Betrag sind, desto geringer kann die Marge ausfallen, da die Kosten des vermittelnden Kreditinstituts davon weitgehend unabhängig sind. Manche Institutsgruppen haben den Nachteil, daß sie keinen direkten Zugang zum Eurogeldmarkt besitzen, sondern über ihr Spitzeninstitut gehen müssen. Dies bedeutet, daß auch zweimal Kosten und Anspruch auf Gewinnmarge entstehen, die - wenn auch nicht in doppelter Höhe - abgedeckt werden müssen.

Die Laufzeit orientiert sich an den auf den Geldmärkten üblichen Bindungsfristen. Möglich sind 1, 3, 6 und 12 Monate; längere Laufzeiten sind individuell vereinbar. Die Zinsen werden für diese Perioden festgeschrieben. Nach Ablauf muß erneut ein Kredit aufgenommen werden. Zu diesem Zeitpunkt existiert dann sowohl ein Zinsänderungs- als auch ein Kapitalentzugsrisiko.
Auch ein langfristiger Kapitalbedarf läßt sich damit durch Kredite am (kurzfristigen) Geldmarkt decken.

Die Besicherung erfolgt wie bei anderen Kreditformen.

Die Entwicklung des 3-Monats-FIBORS ist in Abbildung 2.10. dargestellt.

2.3.3 Kontokorrentkredite

Der Kontokorrentkredit gehört zum normalen Finanzierungsalltag jeder Unternehmung. Der Kreditnehmer kann bis zur vereinbarten Kreditlinie über sein Konto verfügen, wobei zwischenzeitliche Abdeckungen nicht als Tilgungen gelten (revolvierender Kredit). Der im Vergleich zu anderen kurzfristigen Kreditformen hohe Zinssatz verbietet einen Einsatz für Investitionsfinanzierungen. Der Kontokorrent sollte vornehmlich dem Abdecken kurzfristiger Liquiditätsengpässe dienen. Die Praxis in vielen Unternehmen ist jedoch, daß der Kontokorrentkredit zu einer teueren, aber bequemen (kein neuer Kreditantrag) Dauerlösung geworden ist. Bei einer geplanten Inanspruchnahme des Kontokorrents über einen definierten Betrag für einen bestimmten Zeitraum besteht daher ein oftmals durchaus bedeutsames ZÄR. Grundsätzlich existiert auch das Risiko des Kapitalentzugs, da die AGB der Kreditinstitute durchgängig ein (kurzfristiges) Kündigungsrecht der eingeräumten Kontokorrentlinie vorsehen:

„Kredite und Kreditzusagen, für die weder eine Laufzeit noch eine abweichende Kündigungsregelung vereinbart ist, kann die Bank jederzeit ohne Einhaltung einer Kündigungsfrist kündigen. Die Bank wird bei der Ausübung dieses Kündigungsrechts auf die berechtigten Belange des Kunden Rücksicht nehmen.“[52]

Die Anpassung der Zinshöhe erfolgt in Anlehnung an den Diskontsatz der Deutschen Bundesbank, ohne daß dem Kunden hierfür eine vertragliche Zusage gemacht wird. Die Kreditinstitute behalten sich eine Zinsanpassung nach billigem Ermessen gemäß §315 BGB vor; dies bedeutet, daß die Zinsanpassung durch einseitige Erklärung der Bank gegenüber dem Kreditnehmer erfolgt.

Die Konditionen sind weitgehend Verhandlungssache; die Kreditinstitute sind je nach Bonität und Bedeutung des Kunden bereit günstige Individualkonditionen einzuräumen. Die Spanne zwischen „guten“ und „schlechten“ Kunden im gewerblichen Bereich liegt bei 4% und mehr.

Die Entwicklung der Kontokorrentzinsen ist in Abbildung 2.10. dargestellt.

Dem Kontokorrentkredit gleichgestellt ist die Finanzierung über Factoring. Factoring ist der dauerhafte Ankauf von Forderungen aus Warenlieferungen oder Dienstleistungen durch ein Finanzierungsinstitut (Factor). Da der Factor[53] Sollzinsen im banküblichen Rahmen in Rechnung stellt, liegt hier ein dem Kontokorrent vergleichbares Risiko hinsichtlich der Veränderung der Zinssätze vor.

2.3.4 Entwicklung der Zinssätze

[52]AGB der Bayerischen Vereinsbank, Stand 1.1.93. Vergleichbare Bedingungen finden sich regelmäßig in den AGB aller Kreditinstitute.
[53]Ein Factor ist in der Regel ein spezialisiertes Finanzierungs- oder Kreditinstitut).

Die Abbildung 2.10. veranschaulicht, daß der Rückgang der kurzfristigen Zinssätze deutlicher ausgeprägt war als im langfristigen Bereich. Durch die Aufnahme von variablen bzw. an Geldmarktsätzen[54] orientierten Fremdmitteln konnte die Zinslast im Betrachtungszeitraum reduziert werden. Dabei muß allerdings zwangsläufig ein ZÄR in Kauf genommen werden. Die Verminderung, Begrenzung oder der Ausschluß dieses ZÄR kann mit verschiedenen Instrumenten (Derivaten) erfolgen, die in den folgenden Kapiteln dargestellt werden.

Auch für den Kapitalanleger hatte der Zinsrückgang eine spürbare Ertragsminderung zur Folge. Auch in diesem Fall können geeignete Derivate zur Begrenzung des „Schadens" eingesetzt werden.

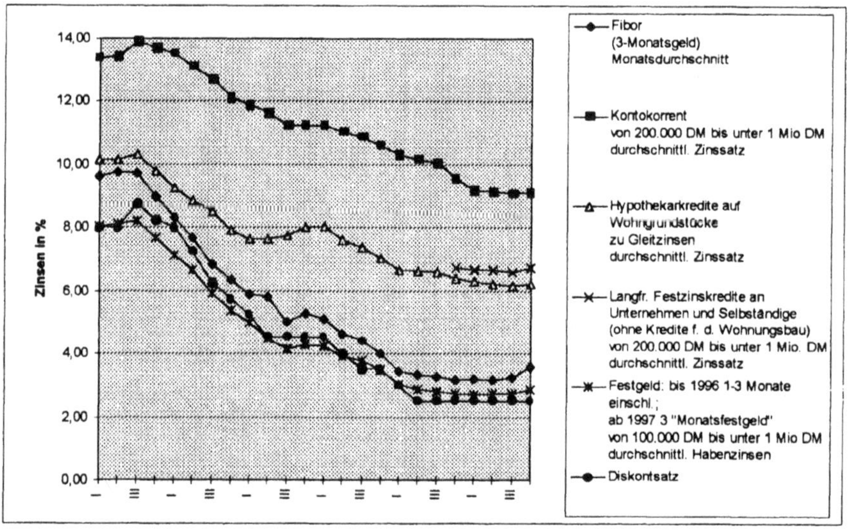

Abbildung 2.10. Entwicklung ausgewählter Zinssätze[55]

[54] z.B. an LIBOR oder FIBOR

[55] Quelle: Monatsberichte der Deutschen Bundesbank; eigene Recherche.

3 Instrumente des Zinsmanagements im Überblick

Nachdem der Hedger sein Zinsrisiko quantifiziert und beurteilt hat, wird er die Kosten und die Effektivität der möglichen risikopolitischen Instrumente vergleichen und das individuell vorteilhafteste Hedginginstrument wählen, wobei grundsätzlich zunächst immer die abzusichernde Kassaposition maßgebend ist.

Zinsbezogene **Finanzderivate** sind in die Zukunft gerichtete vertragliche Vereinbarungen, die auf synthetischen oder real existierenden Finanzinstrumenten aufbauen. Mit ihrer Hilfe können Kursniveau und laufende Zinszahlungen geändert oder festgeschrieben werden. Sie ermöglichen es, daß die Zinsänderungsrisiken der jeweils zugrundeliegenden Finanzinstrumente von diesen getrennt gehandelt und auf andere Marktteilnehmer übertragen werden können. Die Fähigkeit der derivativen Finanzinstrumente, Zahlungsstromeigenschaften zukünftiger und vorhandener Aktiv- und Passivbestände in bezug auf deren Zins- oder Kapitalbindungsdauer zu ändern, erklärt ihre besondere Bedeutung für das Finanz- und Risikomanagement.[55]

Die zur Risikobegrenzung einsetzbaren derivativen Finanzinstrumente verkörpern Rechte, die von Aktien, Devisen oder Zinstiteln abgeleitet sind. Folglich leitet sich auch ihr Preis vom jeweiligen Basiswert ab. Da sich die Derivate beliebig untereinander kombinbieren lassen, ermöglichen sie maßgeschneiderte Investitionsstrategien.[56] Als rechtlich selbständige Geschäfte haben die Finanzinnovationen gegenüber den herkömmlichen Absicherungsmethoden den wesentlichen Vorteil, daß sie ein Risikomanagement ohne größere Liquiditätsbewegungen ermöglichen und sich weder in der Bilanz niederschlagen noch Kreditlinien strapazieren.[57]

Für einen ersten Überblick werden in der folgenden Darstellung Zinsrisiken und die risikoadäquaten Absicherungsinstrumente einander gegenübergestellt.[58]

---

[55] Pampel (1993), S. 91 f.
[56] Vgl. Trepp (1994); Baxman/ Weichsler (1993), S. 10; Steltzner (1993); Uhlir (1992b), S. 435.
[57] Seibold (1994).
[58] Vgl. Schminke (1994), S. 216.

Bilanz		Aktiva		Passiva	
Zinssatz		kurzfristig variabler Satz	langfristig Festsatz	kurzfristig variabler Satz	langfristig Festsatz
Zinsrisiko		fallende Zinsen	steigende Zinsen	steigende Zinsen	fallende Zinsen
Entscheidung Hedging		in Festsatz wechseln/ Duration verlängern	in variablen Satz wechseln/ Duration verkürzen	in Festsatz wechseln/ Duration verlängern	in variablen Satz wechseln/ Duration verkürzen
Zins-management-Instrument	Future	kaufen	verkaufen	verkaufen	kaufen
	FRA	verkaufen	kaufen	kaufen	verkaufen
	Swap	variabel zahlen Festsatz erhalten	Festsatz zahlen variabel erhalten	Festsatz zahlen variabel erhalten	variabel zahlen Festsatz erhalten
	Cap	verkaufen	kaufen	kaufen	verkaufen
	Floor	kaufen	verkaufen	verkaufen	kaufen
G.u.V.-Wirkung		erhöhte Erträge auf Aktiva		verminderte Finanzierungskosten	

Abbildung 3.1. Wirkungszusammenhang ausgewählter Hedginginstrumente

3.1 Hedging - Begriffsbestimmung und Grundprinzipien

Ein festgestellter Unterschied zwischen risikotragenden Aktiva und Passiva kann im Rahmen des Zinsmanagements durch den Aufbau von gegenläufigen Positionen ausgeglichen werden. Diese Verfahren bzw. Techniken zur Preisrisikoabsicherung von offenen Positionen durch entsprechende Gegengeschäfte bezeichnet man als Hedging.[59] Hedger wollen das Risiko künftiger Preisschwankungen durch Transfer auf andere Marktteilnehmer abwälzen und dadurch vermeiden. Dazu bedarf es der jeweils geeigneten Instrumente der Termin-, Options- und ggf. der Kassamärkte. Der Hedger geht dabei von der Erwartung aus, daß Verluste aus dem Grundgeschäft[60] weitgehend durch Gewinne aus dem Sicherungsgeschäft neutralisiert werden.[61] Jedoch ist zu beachten, daß der Absicherungseffekt in beide Richtungen wirkt, d. h., sollte entgegen

[59] Falls festverzinsliche Titel abgesichert werden sollen, kann grundsätzlich durch Hedging oder Immunisierung das ZÄRs abgesichert werden. Beim Immunisierungskonzept wird davon ausgegangen, daß die durch Zinsänderungen ausgelösten Preisänderungen durch anschließende Reinvestitionserfolge ausgeglichen werden können. Unabhängig von Zinsänderungen erreicht der Investor bis zu einem vorher bestimmten Immunisierungszeitpunkt sein geplantes Endvermögen und kann seinen Ausgangszinssatz konservieren. Jedoch muß der Investor schon bei Abschluß der Immunisierung präzise geplant und den Immunisierungszeitpunkt bestimmt haben, andernfalls können derartige Strategien nicht aufgebaut werden.

[60] Als "Grundgeschäfte" werden Transaktionen bezeichnet, die sich aus dem Geschäftsbetrieb des Hedgers ergeben und zu offenen Risikopositionen führen.

[61] Vgl. Uhlir (1992a), S. 343; Eilenberger (1993), S. 204; Zahn (1991), S. 194.

den Erwartungen des Hedgers die Grundposition einen Wertzuwachs verzeichnen, wird dieser im Gesamtportefeuille durch einen Verlust aus der Gegenposition vermindert.

Um bei der bedarfsorientierten Auswahl des richtigen Zinsinstruments zur Absicherung von ZÄR eine grobe Orientierungshilfe zu geben, wird in den beiden Matrizen (Abbildung 3.2. und 3.3.) dargestellt, wie die Zinsinstrumente unter Beachtung unterschiedlicher Zinserwartungen sowohl zur Absicherung zinsreagibler Aktiva als auch zur Absicherung zinsreagibler Passiva verwendet werden können.[62]

Zinserwartung	Bestehende Geschäfte	Neue Geschäfte	Zukünftige Geschäfte
steigende Zinsen	Swap in variablen Zinssatz Verkauf Floor	Verkauf Floor	Verkauf Future Kauf Put Option
fallende Zinsen	Swap in Festzinssatz Kauf Floor Verkauf Cap	Swap in Festzinssatz Kauf Floor Verkauf Cap	Kauf Future Verkauf FRA Kauf Call Option
Unsicher	Kauf Swaption in variablen Zinssatz Kauf Swaption in Festzinssatz Kauf Floor Verkauf Cap	Kauf Swaption in variablen Zinssatz Kauf Swaption in Festzinssatz Kauf Floor Verkauf Cap	Verkauf Put Option Kauf Call Option

Abbildung 3.2. Instrumente zur Absicherung zinsreagibler Aktiva

[62] Vgl. auch Bayerische Vereinsbank AG (1993), S. 13 f.

Zinserwartung	Bestehende Geschäfte	Neue Geschäfte	Zukünftige Geschäfte
steigende Zinsen	Swap in Festzinssatz Kauf Cap Verkauf Floor	Swap in Festzinssatz Kauf Cap Verkauf Floor	Verkauf Future Kauf Put Option
fallende Zinsen	Swap in variablen Zinssatz	Verkauf Cap	Kauf Future Verkauf FRA Kauf Swaption in variablen Zinssatz
Unsicher	Kauf Swaption in variablen Zinssatz Kauf Swaption in Festzinssatz Kauf Cap Verkauf Floor	Kauf Swaption in variablen Zinssatz Kauf Swaption in Festzinssatz Kauf Cap Verkauf Floor	Kauf Forward Cap Verkauf Forward Floor Kauf Swaption in Festzinssatz

Abbildung 3.3. Instrumente zur Absicherung zinsreagibler Passiva

Abgesichert werden können sowohl bestehende offene Positionen als auch geplante und nicht verbindlich abgeschlossene Geschäfte. Die Sicherung eines noch nicht bestehenden Kassageschäfts bezeichnet man auch als antizipatives Hedge, wobei die Terminposition die Funktion des temporären Ersatzes für das Kassageschäft übernimmt.[63]

Dabei kann auf die sofortige Kontrahierung eines Gegengeschäftes verzichtet und vorübergehend durch andere Derivate teilweise oder vollständig abgesichert werden. Die Absicherung von Einzelrisiken wird dabei als Microhedge bezeichnet. Jedoch scheint bei einer großen Anzahl von Geschäften eine direkte Absicherung nicht mehr sinnvoll und das insgesamt ermittelte Risiko des gesamten Portfolios wird global mit einem Macrohedge abgesichert.[64]

Falls zur Absicherung keine Finanzinstrumente vorhanden sind, die auf einen identischen zugrundeliegenden Titel lauten, wird mit einer Terminposition gesichert, deren Preisentwicklung möglichst große Parallelen aufweist. Streng parallele

[63] Vgl. Hull (1993), S. 1; Büschgen (1988), S. 85.
[64] Vgl. Schminke (1994), S. 217; Kalinski/Dürr/Lusche (1991), S. 332; Dubofsky (1992), S. 388 f.;Figlewski (1985), S. 22.

Zinsentwicklungen im Grund- und Absicherungsgeschäft sind bei derartigen Cross-Hedges nicht zu erwarten. Sowohl Schuldnerbonitäts- als auch Zinsniveau- und Laufzeitunterschiede zwischen der Grundposition und den hinter der Sicherungsposition stehenden Wertpapieren schlagen sich entsprechend in der Kursdifferenz nieder. Deshalb bietet ein Cross-Hedge einen geringeren Schutz als ein Pure-Hedge, bei welchem Grund- und Sicherungsgeschäft auf ein identisches Finanzinstrument lauten.[65]

Beispiel 3.1. Absicherung Kredit mit Bobl-Future

Eine Kreditaufnahme in 12 Monaten soll durch den Verkauf eines Bobl-Future[66] abgesichert werden. Der Bobl-Future bezieht sich auf eine (fiktive) Bundesanleihe (Basisinstrument) mit einer (Rest-)Laufzeit von 3,5-5 Jahren.
Damit die Absicherung das Zinsrisiko weitestgehend ausschaltet, müssen die Laufzeiten von Kredit und Basisinstrument übereinstimmen.
Weiterhin muß unterstellt werden, daß sich die Zinsen für Bankkredite im gleichen Ausmaß verändern wie das Zinsniveau für Bundesanleihen der betreffenden Laufzeit.

Außerdem sind Fristenkongruenz und betragsmäßige Übereinstimmung von Grundgeschäft und Kontraktposition wegen der Standardisierung der Liefertermine und Kontrakthöhen in der Regel nicht erzielbar. Darum wird in der Praxis selten ein "Perfect-Hedge" erreicht, bei dem Verluste aus einer risikotragenden Kassaposition vollständig durch den Gewinn aus einer Absicherungsposition ausgeglichen werden.[67]

Je nach Größe und Möglichkeiten des Unternehmens wird diese Risikosteuerung von externen Finanzmanagern, eigenen Finanzabteilungen oder sogar von besonders dafür gegründeten Tochtergesellschaften durchgeführt.[68]

Es gibt Finanzleiter, die alle ihre offenen Zinsrisikopositionen absichern (hedgen) und andere, die nur hedgen, wenn sie ungünstige Zinsentwicklungen erwarten.[69] Die aktive

[65] Vgl. Eilenberger (1993), S. 59; Nowack (1984), S. 1135; Dubofsky (1992), S. 384; Pitts/Fabozzi (1990), S.284.
[66] Vgl. zur Absicherung mittels Futures Kapitel 5.
[67] Vgl. Nowack (1984), S. 1135; Eilenberger (1993), S. 220; Pitts/Fabozzi (1990), S. 284; Perridon/ Steiner (1991), S. 166.
[68] Vgl. London (1991).
[69] Vgl. London (1991).

Nutzung neuer Finanzinstrumente wird erst durch eine bewußte Erwartungsbildung hinsichtlich zukünftiger Marktentwicklungen möglich. Voraussetzung zur Erstellung der nötigen Prognosen ist die Verfügbarkeit eines umfangreichen Bestandes an Marktdaten. Die Daten umfassen Marktzinssätze, Zinsstruktur, Zinsprognosen, Konditionen für Zinsmanagementinstrumente und volkswirtschaftliche Daten wie beispielsweise die Inflationsraten, Geldpolitik, Wirtschaftswachstum, politische Lage, Wechselkursschwankungen, Entwicklung der Außenhandelsbilanz und die Entwicklung auf den ausländischen Finanzmärkten.[70]

Diese Informationen werden dann zu den geplanten Transaktionen aus der Finanzplanung in Beziehung gesetzt. Um die Auswirkung einer ungünstigen Zinsentwicklung zu quantifizieren, werden die Zukunftszenarien mit Eintrittswahrscheinlichkeiten bewertet. Diese statistischen Werte werden dann mit den aus der Bilanzanalyse[71] ermittelten Aktiv- und Passivüberhängen multipliziert, um den Barwert (cash value) des Zinsrisikos zu erhalten, welcher anschließend mit geschäftspolitischen Parametern (z. B. Limits) verglichen wird. Mit der Festlegung des Sicherungsniveaus wird dann bestimmt, in welchem Ausmaß ZÄR abgesichert werden sollen. Entsprechend der individuellen Risikobereitschaft und Tragbarkeit[72] von ZÄR wird dann entschieden, ob durch den Einsatz geeigneter Sicherungsverfahren eine Risikoverringerung vorgenommen werden soll sowie welche Instrumente und Strategien gegebenenfalls im einzelnen eingesetzt werden sollen. Bei dieser Entscheidung ist zu beachten, daß durch übertriebene Absicherung auch Gewinnchancen verloren gehen können.[73]

[70] Vgl. Heinelt (1990), S. 14 f.; Baxmann/Weichsler (1993), S. 11.
[71] Vgl. hierzu Kapitel 2.2.
[72] Das in Kauf genommene Risiko muß in vernünftiger Relation zur Unternehmensgröße und zum eingesetzten Kapital stehen.
[73] Vgl. Baxmann/Weichsler (1993), S. 9; Uhlir (1992b), S. 436; Fitzgerald (1983), S. 70; Köpf (1989b).

3.2 Einteilung der Zinsinstrumente

3.2.1 Einteilung nach zeitlicher Leistungsverpflichtung in Kassa-, unbedingte Termin- und Optionsgeschäfte

Zinsinstrumente lassen sich entsprechend der Struktur der Finanzmärkte in Kassa-, Termin- und Optionsinstrumente einteilen. Diese Unterteilung bildet sich danach, "inwieweit Geschäftsabschluß und -erfüllung zeitlich zusammen- oder auseinanderfallen, sowie ob in bezug auf die zu erbringende bzw. abzunehmende Leistung eine uneingeschränkte Verpflichtung oder ein Wahlrecht besteht."[74]

Bei Transaktionen, die am Kassamarkt abgeschlossen werden, liegen zwischen Vertragsabschluß (Kauf bzw. Verkauf des Finanzinstruments) und Erfüllung (Lieferung des Finanzinstruments bzw. Leistung des Entgelts) nicht mehr als zwei Börsentage. Geschäfte auf den Kassamärkten sind auf effektive Erfüllung gerichtet. Kassainstrumente zur Absicherung von ZÄR sind Zinsswaps und Zins-/Währungsswaps.[75]

Bei **Termingeschäften** werden Leistung und Gegenleistung nicht sofort getauscht, sondern im voraus für einen späteren Zeitpunkt vereinbart, zwischen Vertragsabschluß und Erfüllung liegen dabei mehr als zwei Börsenarbeitstage. Unter dem Aspekt der Leistungspflicht lassen sie sich in

- **unbedingte** Termingeschäfte (Fixgeschäfte) und
- **bedingte** Termingeschäfte (Optionsgeschäfte)

einteilen.

Bei Fixgeschäften wird die zukünftige Lieferung in allen Einzelheiten fest vereinbart, es besteht für beide Parteien Erfüllungspflicht.[76] Zu den fixen Zinstermingeschäften gehören Zinsfutures, Forward Rate Agreements (FRAs) und Forward Swaps.[77]
Fixgeschäfte haben ein symmetrisches Risikoprofil: Der Gewinn der einen Vertragspartei ist grundsätzlich gleich dem Verlust der anderen Partei. Beide Parteien tragen ein „unendliches" Verlustrisiko.

[74] Baxmann/Weichsler (1991), S.549.
[75] Vgl. Eilenberger (1993), S. 163.
[76] Die unbedingten Fixgeschäfte auf dem Terminmarkt werden als Termingeschäfte im engeren Sinn bezeichnet.
[77] Vgl. Uhlir (1992a), S. 343; Schminke (1994), S. 217.

Im Gegensatz zu beidseitig verpflichtenden Kassa- und Termingeschäften stellen **Optionsgeschäfte** für den Käufer ein Wahlrecht, für den Verkäufer eine Verpflichtung zur Lieferung oder Abnahme dar. Optionsgeschäfte werden als bedingte Termingeschäfte bezeichnet, da die Erfüllung von der Konstellation künftiger Preise abhängt. Zunächst wird das eigentliche Geschäft abgeschlossen, die spätere Erfüllung beruht dann auf dem besonderen Entschluß des Optionskäufers. Für dieses Wahlrecht zahlt der Optionskäufer dem Verkäufer einen nicht rückerstattungsfähigen Optionspreis. Diese Optionsprämie stellt für den Käufer den maximalen Verlust und für den Verkäufer der Option den maximalen Ertrag dar.[78]
Das Risikoprofil bei Optionsgeschäften ist asymmetrisch. Die folgende Abbildung zeigt die möglichen Ergebnisse für Käufer und Verkäufer:

Fall / *Position*	*Ausübung der Option*	*Keine Ausübung der Option*
Käufer	unendlicher Gewinn möglich	maximalerVerlust = Prämie
Verkäufer	unendlicher Verlust möglich	maximaler Gewinn = Prämie

Abbildung 3.4. Risikostruktur bei Optionsgeschäften

3.2.2 Einteilung in börsengehandelte und außerbörsliche Zinsinstrumente

Die im vorhergehenden Abschnitt aufgeführten Zinsinstrumente lassen sich in börsengehandelte und außerbörsliche Produkte einteilen.

Nicht-börsengehandelte, sogenannte "**over-the-counter**"(OTC)-Geschäfte werden direkt ohne Einschaltung einer Börse zwischen den Vertragspartnern vereinbart. Im Gegensatz zu börsengehandelten Finanzinstrumenten sind OTC-Produkte nicht-standardisierte Kontrakte, sie können also beliebig, den individuellen Absicherungsbedürfnissen entsprechend und ohne Einschränkung durch Standardisierung maßgeschneidert werden. Die Verträge können über jeden beliebigen Finanztitel abgeschlossen werden und völlige Neuschöpfungen ebenso umfassen, wie Modifikationen bisher schon bekannter Finanzinstrumente. Teilweise werden sie auch an Anleihe- oder Aktienemissionen geknüpft, um diese für Investoren attraktiver zu gestalten.

[78] Vgl. Wörner (1988), S. 67; Bayerische Vereinsbank AG (1993), S. 7.

Wegen der individuellen Ausprägung der Vertragsinhalte besteht für diese Kontrakte allerdings nur eine beschränkte Handelbarkeit, d. h. eine vorzeitige Glattstellung durch Verkauf am Sekundärmarkt ist kaum möglich. Außerdem sind die Kontrahenten einem erhöhten Bonitätsrisiko ausgesetzt, weil keine Clearingstelle[79] als Vertragspartner zwischengeschaltet ist, die beiden Parteien die Erfüllung garantiert und das Ausfallrisiko damit eliminiert. Trotz dieser Nachteile wächst das außerbörsliche Geschäft mit Zinssicherungsprodukten relativ schneller als das börsengehandelte.[80] Da meist einer der Kontraktpartner ein Kreditinstitut ist, sind OTC-Geschäften „normalen" Kreditgeschäften vom Risiko- und Sicherheitsaspekt her ähnlich. Zudem gibt es eine Reihe von Instrumenten, die zumindest teilweise einer Standardisierung sehr nahe kommen. Beispiele hierfür sind z.B. die Märkte für Swaps, Caps und Floors.

Börsengehandelte (traded) Kontrakte sind standardisiert und werden zentral an einer Börse gehandelt. Durch die Standardisierung beschränkt sich der Handel auf wenige Kontrakttypen und Liefertermine pro Jahr. Terminkontrakte unterliegen dem Börsengesetz sowie den Regeln und Usancen der jeweiligen Börse und werden über eine Clearingstelle abgewickelt, die den anonymen Vertragspartnern die Erfüllung garantiert.

Für die Produkte wird börsentäglich ein Abrechnungspreis festgestellt, zu dem sie unter Einschaltung der Clearingstelle als Kontraktpartner ge- und verkauft werden können. Damit können die Geschäfte auf einem liquiden Markt stets egalisiert werden, wodurch flexibles und schnelles Agieren ermöglicht wird. Aufgrund der jederzeitigen Information über Angebots- und Nachfragepreis, wird eine hohe Markttransparenz erreicht.[81]

Folgende Matrix stellt die Einteilung nach Finanzmärkten und Handelsform der Zinsinstrumente im Überblick dar:[82]

[79] Vgl. zur Funktion von Clearingstellen Kapitel 5.3.1

[80] Vgl. Viermetz/Schwicht (1993), S. 705; Dresdner Bank AG (1993) S. 4.

[81] Vgl. Uhlir (1992a), S. 343; Pitts/Fabozzi (1990), S. 33-43; Viermetz/Schwicht (1993), S. 709; Beilner/ Schoess (1993), S. 342.

[82] Vgl. Bayerische Vereinsbank (1993), S. 10.

Handelsform *Finanzmärkte*	*Börsengehandelte Zinsinstrumente*	*Nicht-börsengehandelte Zinsinstrumente (OTC)*
Kassamarkt	„klassische" Produkte (z.B. Termingeld, Anleihen)	Zinsswaps Zins-/Währungsswaps
Terminmarkt	Futures (z.B. SCHATZ-, BOBL-, BUND-Future)	Forwards (z.B. Forward Swaps, Forward Rate Agreements)
Optionsmarkt	Kassa- und Futures- Optionen (z.B. Optionen auf den BUND-Future)	OTC-Optionen (z.B. Caps, Floors, Collars, OTC-Bondoptionen)

Abbildung 3.5. Einteilung der Zinsinstrumente nach Finanzmärkten und Handelsform

In Kapitel 4 werden die außerbörslichen (OTC) gehandelten Instrumente, daran anschließend in Kapitel 5 die an der Deutschen Terminbörse DTB gehandelten Instrumente und deren Einsatz im Rahmen des Zinsrisikomanagements behandelt.

4 Die OTC-Instrumente

Zum Absichern von risikobehafteten Zinspositionen steht eine Reihe unterschied-licher Instrumente zur Verfügung. Im folgenden werden die wichtigsten Alternativen aus der Sicht eines Unternehmens dargestellt. Die Position des Kreditnehmers steht daher im Vordergrund; die Absicherung von Geld- und Kapitalanlagen wird jedoch ebenfalls kurz angerissen.

Ein wichtiges Kriterium bei der Auswahl der zu beschreibenden Instrumente ist die Existenz eines liquiden Marktes: Die Absicherungsinstrumente müssen permanent zu marktkonformen, fairen Konditionen handelbar sein.

Damit dies möglich ist, muß eine gewisse Standardisierung erfolgen. Für den Einsatz von Absicherungsinstrumenten bei kreditnehmenden Unternehmen sind folgende Merkmale wichtig:

1. Es muß jederzeit möglich sein, eine risikobehaftete Zinsposition abzusichern.
2. Eine bestehende Absicherung muß bei Bedarf jederzeit durch ein Gegengeschäft aufgelöst (glattgestellt) werden können.

Für die gängigen Instrumente wie z.B. Swaps, Caps und Floors treffen diese beiden Voraussetzungen weitestgehend zu. Auch die Preisstellung wird zunehmend transparenter[83]; die Beschaffung von Vergleichsangeboten ist leicht möglich. Eine Standardisierung im Sinne börsengehandelter Instrumente liegt jedoch nicht bzw. nur bedingt vor. Insofern ist auch ein Verkauf eines einmal erworbenen Instruments kaum möglich. Eine Korrektur ist nur durch den Erwerb eines entgegengesetzten Instruments möglich: Die Wirkungen beider Positionen neutralisieren sich. Man spricht dann vom „Glattstellen“ einer Position.

Es gibt bei diesen OTC-Absicherungsinstrumenten allerdings auch individuell gestaltete Vertragsvereinbarungen, bei denen das Kriterium der Marktgängigkeit nicht erfüllt ist. Diese Flexibilität bei der Gestaltung ermöglicht es aber auch Gegenpositionen einzugehen, mit denen früher abgeschlossenen Geschäfte glatt gestellt, d.h. neutralisiert werden können. Nachteilig ist, daß ohne

[83] Vgl. hierzu z.B. die Preisstellungen im Internet.

finanzmathematische Kenntnisse eine Beurteilung dieser Formen bzw. der Preisstellung in der Regel nicht möglich ist.

Die bekanntesten OTC-Instrumente, die die genannten Bedingungen erfüllen sind:

- Swaps,
- FRAs,
- Forward Zinsswaps,
- Caps,
- Floors.

Diese Instrumente werden in den folgenden Abschnitten genauer dargestellt. Weiterhin werden auf den OTC-Märkten Optionen auf Zinsinstrumente gehandelt; hierzu zählen Optionen auf Swaps (Swaptions) und OTC-Bondoptionen.

Die Konditionen für diese Instrumente waren bislang nur Kreditinstituten über spezialisierte Nachrichtendienste wie Reuters zugänglich. Die damit verbundenen Kosten der Informationsbeschaffung waren für Unternehmen zu hoch. Die Entwicklung in letzter Zeit weist jedoch eindeutig in Richtung einer höheren Markttransparenz. Das Internet als Informationsmedium gewinnt an Bedeutung. So lassen sich die Kurse für die wesentlichsten Finanzderivate im Internet abrufen.[84]

[84] Vgl. z.B. die Angebotsseite der WestLB: http://www.westlb.de/swaps unter der die aktuellen Konditionen für Swaps, Caps, Floors und weiterer Derivate angezeigt werden.

4.1 Zinsswaps (Zinstauschverträge)

4.1.1 Grundprinzip und Abwicklung

a. Grundlegendes

Bei einem Zinstauschvertrag treffen die Swappartner eine Vereinbarung über den gegenseitigen, periodischen Austausch von unterschiedlichen Zinszahlungen in einer bestimmten Währung bezogen auf einen gleichlautenden fiktiven Nominalbetrag zu bestimmten Terminen während einer vereinbarten Laufzeit. Dies geschieht unabhängig von bestehenden oder neu zu begründenden Verbindlichkeiten oder Forderungen; die nominellen Kapitalsummen werden nicht ausgetauscht. Die Swapvereinbarung ist unabhängig von eventuellen Grundgeschäften. Die ausgetauschten Zinszahlungen basieren auf verschiedenen Berechnungsmodalitäten (z.B. fix und variabel) bzw. Zinsbindungen. Die Vertragspartner vereinbaren also, entweder direkt oder unter Einschaltung Dritter als Vermittler Zinszahlungen aneinander zu leisten.[85]

Die hohe Bedeutung von Swaps auf den nationalen und internationalen Märkten beweisen die von der International Swaps and Derivatives Association veröffentlichten Zahlen. Danach lag das Total aller Ende 1995 offenen Swaps bei über 12.000 Mrd. US $.[86]

Üblich sind sogenannte **Kuponswaps**, bei denen ein variabler Zinssatz gegen einen Festzins getauscht wird. Daneben gibt es auch **Basisswaps**, bei denen zwei variabel verzinsliche Zahlungsverpflichtungen mit unterschiedlichen Referenzsätzen oder Zinsperioden ausgetauscht werden, wie z. B. 1-Monats-LIBOR gegen 6-Monats-LIBOR oder FIBOR gegen Prime Rate. Somit ermöglicht es der Basisswap, die variable Verzinsung beider Bilanzseiten an den gleichen Referenzzins zu binden. Basisswaps spielen in Deutschland bisher nur eine untergeordnete Rolle.[87] Im folgenden werden deshalb nur Kuponswaps dargestellt.

Bei Kuponswaps wird meist ein variabler Eurozinssatz gegen einen von der kontrahierenden Bank angebotenen Festzins getauscht. Übliche variable Sätze sind der

---

[85] Vgl. Smithson (1991), S.484; Bangert (1987), S. 365; Perridon/Steiner (1991), S.377; Dattatreya (1992), S. 31ff; Süddeutsche Zeitung (30.11.94), S. 2.
Anmerkung: Grundsätzlich weist die Struktur eines Zinsswaps starke Ähnlichkeiten mit einer Reihe von zusammengelegten Forwardkontrakten auf.

[86] Quelle: Internet-Seite http://www.isda.org/d1.html

[87] Zu Basisswaps vgl. Eller (1996), S. 409 f.

3- oder 6-Monats-LIBOR (FIBOR). Die Festsätze orientieren sich an den Renditen für DM-Schuldverschreibungen mit entsprechender Laufzeit.

b. Vertragsbestandteile

Für einen Swap müssen folgende Größen von den Vertragspartnern festgeschrieben werden:

Vertragstyp	Zinsswap	
Allgemeines	Laufzeit T	meist zwischen 2 und 10 Jahren
	Nominalbetrag B	ab 1 Mio. DM
	Laufzeitbeginn	i.d.R. Abschlußtag + 2 Bankarbeitstage
Festzinssatz	Festzins r_{fix}	nach Marktlage
	Berechnungsmethode	30/360 Tage (Kapitalmarktmethode)
	Zahlungsweise	meist jährlich nachschüssig
Variabler Zins	Referenzzins r	i.d.R. LIBOR oder FIBOR
	Länge der Zinsperiode	i.d.R. 3 oder 6 Monate
	Berechnungsmethode	act/360 Tage (Geldmarktmethode)
	Vergleichszeitpunkte (Roll-over-Termine)	meist Abschlußtag + 2 Bankarbeitstage zuzüglich n-mal der Zinsperiode bis zum Ende von T
	Zahlungsweise	nachschüssig entsprechend der Zinsperiode

Abbildung 4.1. Vertragsbestandteile von Zinsswaps

c. Konditionen und Quotierung

Für jede Laufzeit der angebotenen Swapvereinbarung wird ein Geld- und ein Briefkurs gestellt. Will ein Unternehmen bestehende Verpflichtungen mit variablen Zinsen gegen Festzinsen eintauschen, so muß es den höheren Geldkurs (=Zinssatz) für den Festzins bezahlen. Im Gegenzug erhält es vom Kontraktpartner den variablen Zins vergütet. Man spricht hier von einem Payer-Swap[88], das Unternehmen kauft einen Swap.

Im Falle des Wechsels von Festzinsen auf variable Zinsen erhält das Unternehmen den niedrigeren Briefkurs. Es muß den dem variablen Zinssatz entsprechenden Betrag bezahlen und erhält im Gegenzug den Festsatz. Das Unternehmen verkauft einen Swap (Receiver-Swap).

[88] Der Ausdruck „Payer" bzw. „Receiver" bezieht sich auf den Festzins; der Payer zahlt, der Receiver erhält den Festzins.

Die nachstehende Tabelle zeigt die Swapkonditionen vom 03.04.1997. Der 6-Monats-LIBOR betrug zu diesem Zeitpunkt 3,28125%.

Swap Laufzeit	*gegen 6-Monats-LIBOR*
2 Jahre	3,81 - 3,86
3 Jahre	4,28 - 4,34
4 Jahre	4,74 - 4,80
5 Jahre	5,13 - 5,19
7 Jahre	5,70 - 5,76
10 Jahre	6,21 - 6,27

Tabelle 4.1. Swap-Konditionen
(Basis: 6-Monats-LIBOR)

Die Spanne zwischen Geld- und Briefkurs beim Festsatz beträgt circa 5 Basispunkte (0,05%). Tritt die Bank als Festzinszahler in den Swap ein, so gilt der niedrigere bid-Kurs. Zahlt die Bank den variablen Zins, so erhält sie vom Kontraktpartner den höheren offer-Kurs. Der variable Satz wird flat, d.h. ohne Auf- bzw. Abschlag verwendet. Für Swaps mit einer Laufzeit von bis zu 2 Jahren wird häufig der 3-Monats-LIBOR (FIBOR), für längere Laufzeiten der 6-Monats-LIBOR (FIBOR) verwendet.[89]
Das Mindestvolumen für Zinsswaps liegt bei 1 Mio. DM[90].

In der Regel benötigen Swapinteressenten des Nichtbankensektors die Hilfe eines Finanzinstituts, um eine passende Gegenpartei für einen Swap zu finden. Die Kreditinstitute und Investmenthäuser treten dabei meist selbst in die vermittelten Swapverträge ein, so daß die Verträge unabhängig von der eigentlichen Gegenpartei ausgehandelt werden können.[91]

Hierbei können große Swaphäuser als Market-Maker fungieren, die ständig zum Abschluß von Swapgeschäften bereit sind, unabhängig davon, ob sie über eine entsprechende Gegenpartei verfügen oder nicht.[92] Als Market-Maker stellen sie verbindliche Geld- und Briefkurse, zu denen sie Geschäftsabschlüsse tätigen. Somit gewährleisten sie eine kontinuierliche Preisbildung und die erforderliche

---

[89] Vgl. Eller (1996), S. 405

[90] Teilweise werden von Banken auch 5 Mio. DM als Mindestvolumen genannt.

[91] Reinhardt (1985), S. 671; Storck (1983), S. 460.

[92] Vgl. Gondring/Hermann (1986), S. 332.

Marktliquidität. Ihre Swapkonditionen (Quotes) geben sie dabei über Informationsdienste wie z. B. Reuters bekannt.[93]

c. Ablauf

In Abhängigkeit von der Position der Kontrahenten gilt:

	zahlt	*erhält*
Käufer (Payer-Swap)	Festzins (Geldkurs)	variablen Zins
Verkäufer (Receiver-Swap)	variablen Zins	Festzins (Briefkurs)

Abbildung 4.2. Grundpositionen bei Swaps

Die folgende Grafik verdeutlicht die Zahlungsströme und das Prinzip eines Kuponswaps (Austausch Festzins gegen variablen Zins): "Unternehmen *A* kann sich günstig langfristige Festsatzmittel besorgen, ist aber an variablen Sätzen interessiert. Unternehmen *B* sucht dagegen Mittel auf Festsatzbasis, verfügt aber über einen entsprechenden Betrag mit variablen Zinsen" (d. h. *A* erwartet sinkende Zinssätze und *B* steigende Zinssätze). "Mit einem Zinsswap zwischen *A* und *B* erfolgt der Interessenausgleich, der für beide Partner zu den gewünschten Refinanzierungen führt."[94]

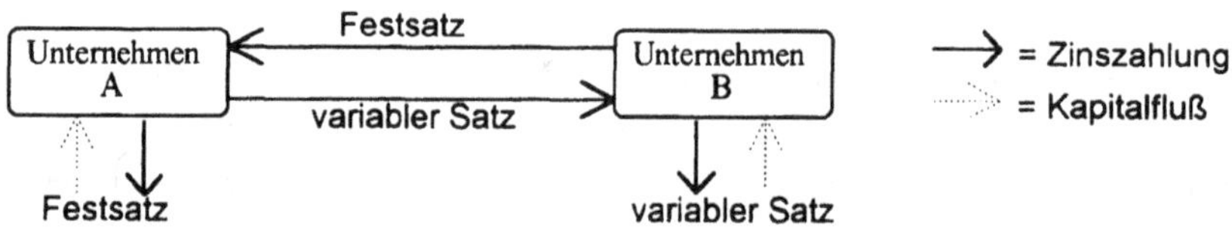

Abbildung 4.3. Ablaufschema eines Kuponswaps

Kennzeichnend für Swaps ist es, daß zu jedem Zeitpunkt nur die jeweilige Nettodifferenz der gegenseitigen Zahlungsverpflichtungen an den Swappartner überwiesen wird (Zinsnetting). Entscheidend ist, daß dies möglich ist, ohne die Aktiv- und Passivstruktur zu verändern und ohne Liquiditätseffekte herbeizuführen.[95]

Zu beachten sind die Fälligkeit der Zinszahlungen (Valuta) sowie die Berechnung der variablen Zinsen mit „Echttagen/360". Die Verrechnung der Zinszahlungen findet nachschüssig statt.[96] Der Festzins wird dabei jährlich, der variable Zins entsprechend

[93] Vgl. Lerbinger (1988), S. 114; Zahn (1991), S. 214.; Beike/Köhler(1997), S. 37 f.

[94] Binkowski/Beeck (1991), S. 33.

[95] Vgl. z.B. Bangert (1987), S. 365; Binkowski/Beeck (1991), S. 32; Viermetz/Schwicht (1993), S. 698.

[96] Vgl. Bayerische Vereinsbank (1995); S. 13

der Zinsbindungsdauer (meist alle 3 oder 6 Monate) fällig. Erfolgt der Austausch zum gleichen Zeitpunkt, so werden die Zahlung aufgerechnet und nur die Differenz bezahlt (Netting).

Im folgenden Beispiel 4.1. sind diese Bedingungen für einen Kuponswap ausführlich dargestellt.

Beispiel 4.1. Kuponswap

Das Unternehmen A hat einen variabel auf Basis des 6-Monats-LIBOR verzinsten Kredit über 10 Mio. DM. Man erwartet steigende Zinsen. Mittels eines Swap kann folgende Absicherung erfolgen:
Unternehmen A (Käufer, Payer-Swap) und die Bank B schließen am 03.03.1997 einen Kuponswap über 10 Mio. DM mit 2-tägiger Valuta ab. Die Laufzeit beträgt 3 Jahre, der variable Referenzsatz ist der 6-Monats-LIBOR. Dieser beträgt bei Abschluß 3%. Das Festsatzangebot liegt bei 4,75/4,80%. Da der Swap gekauft wird, kommt der höhere Geldkurs zum tragen.

(1) Der erste Zinstausch findet am 05.09.1997 statt:

- Zinszahlung des Käufers A: 0 DM, da jährlich berechnet!
- Zinszahlung des Verkäufers B:

  3,0% * 10.000.000 DM * 184 Tage/360 Tage = 153.333 DM

Anmerkung: Die Zinsberechnung erfolgt für den variablen Zins nach „Echttagen / 360“ (Geldmarkt).

(2) Der zweite Zinstausch erfolgt am 05.03.1998:

- Zinszahlung des Käufers A: 480.000 DM
- Zinszahlung des Verkäufers B: Maßgeblich ist jetzt der 6-Monats-LIBOR vom 03.09.1997. Dieser sei mit 3,2% festgestellt worden. Daraus ergibt sich:

  3,2% * 10.000.000 DM * 181 Tage/360 Tage = 160.889 DM

- Zur Zahlung kommt nur die Differenz von 480.000 DM - 160.889 DM (Zinsnetting). Diesen Differenzbetrag von 319.111 DM muß der Käufer A entrichten.

(3) Die weiteren Zahlungen zeigt die Tabelle. Der angegebene 6-Monats-LIBOR wurde jeweils zum vorherigen Zahlungstermin (exakt 2 Bankarbeitstage zuvor) festgelegt.

Termin	LIBOR	Tage	Zins variabel	Zins fest	Zinsdifferenz
05.09.97	3,00%	184	153.333 DM	- DM	153.333 DM
05.03.98	3,20%	181	160.889 DM	480.000 DM	- 319.111 DM
05.09.98	3,50%	184	178.889 DM	- DM	178.889 DM
05.03.99	3,50%	181	175.972 DM	480.000 DM	- 304.028 DM
05.09.99	4,00%	184	204.444 DM	- DM	204.444 DM
05.03.00	3,90%	181	196.083 DM	480.000 DM	- 283.917 DM

Tabelle 4.2. Ausgleichszahlungen beim Swap

Hinweis: Als Ausgleichszahlung erhält das Unternehmen nur den LIBOR. Die Marge muß zusätzlich kalkuliert werden. Die tatsächliche Zinsbelastung nach Eingehen des Swap setzt sich also aus dem Festsatz und der Marge aus dem variablen Kreditgeschäft zusammen.

e. Einsatz

Mit **Finanzswaps** wird die unterschiedliche Einschätzung von Zinsentwicklungen durch verschiedene Marktteilnehmer genutzt. Swaps sind geeignet, sowohl bereits bestehende als auch geplante Positionen gegen Zinsschwankungen abzusichern. Sie sind aufgrund der breiten Laufzeitpalette bis über 10 Jahre und wegen ihrer periodischen Zinszahlungen besonders zum mittel- und langfristigen Hedging des ZÄR geeignet.

Kreditbereich	*Zinserwartung*	*Ziel*
Variabel verzinsliche Verbindlichkeiten	steigende Marktzinsen	■ Absicherung gegen Zinssteigerungen ■ Reduzierung der Zinskosten ■ Schaffung einer sicheren Kalkulationsgrundlage => Umwandlung variabler Zinsverpflichtungen in einen Festsatz mittels Kauf eines Zinsswap
Festverzinsliche Verbindlichkeiten	sinkende Marktzinsen	■ Senkung der Zinskosten ■ Wahrnehmen einer Zinschance => Umwandlung zinsfixer in zinsvariable Verbindlichkeiten mittels Verkauf eines Zinsswap

Abbildung 4.4.a. Mögliche Änderungen in der Zinsbindung durch den Einsatz von Finanzswaps in Abhängigkeit von der jeweiligen Zinserwartung

Anlagebereich	*Zinserwartung*	*Ziel*
Variabel verzinsliche Anlagen	sinkende Marktzinsen	■ Absicherung gegen Zinssenkungen ■ Renditeoptimierung ■ Schaffung einer sicheren Kalkulationsgrundlage => Umwandlung variabler Zinsforderungen in Festzinsforderungen mittels Verkauf eines Zinsswap
Festverzinsliche Anlagen	steigende Marktzinsen	■ Renditeverbesserung ■ Teilnahme an erwartetem Zinsanstieg => Umwandlung zinsfixer in zinsvariable Zinsforderungen mittels Kauf eines Zinsswap

Abbildung 4.4.b. Mögliche Änderungen in der Zinsbindung durch den Einsatz von Finanzswaps in Abhängigkeit von der jeweiligen Zinserwartung

Abbildung 4.4. zeigt die möglichen Änderungen in der Zinsbindung bei offenen Positionen durch den Einsatz von Finanzswaps in Abhängigkeit von der jeweiligen Zinserwartung.

Ausgangspunkt ist die vorhandene Zinsbindungsstruktur (1. Spalte) eines Unternehmens für einen Laufzeitbereich sowie die Erwartung bezüglich der Zinsentwicklung (2. Spalte).

- Zunächst soll der Fall **„Erwartung steigender Zinsen“** diskutiert werden: Bei einem Überhang der Festzinsaktiva (d. h. zinsgebundene Aktiva > zinsgebundene Passiva) wird das Unternehmen bei Erwartung steigender Zinsen versuchen, zinsfixe in zinsvariable Aktiva zu tauschen. Eine Möglichkeit ist der Kauf eines Swaps (Payer-Swap). Bei einem passiven Festzinsüberhang hingegen liegt kein Handlungsbedarf zur Absicherung bestehender Positionen vor.[97] Gleiches gilt für einen Überhang variabel verzinster Aktiva. Überwiegen jedoch die variablen Passiva, so ist ein Tausch in Festzinsen empfehlenswert, was durch den Kauf eines Swaps bewirkt werden kann. Auf diese Weise dienen Swaps dazu, offene Bilanzpositionen zu schließen.[98]
- Im gegensätzlichen Szenario **„Erwartung sinkender Zinsen“** gilt: Bei einem Überhang der Festzinsaktiva (Anlage) liegt kein Handlungsbedarf vor.[99]

[97] Für auslaufende Zinsbindungen ist hingegen ein Absicherungsbedarf gegeben.
[98] Vgl. Honeck (1992), S. 657; Handelsblatt (28.02.1994); Bangert (1987), S. 370.
[99] Für auslaufende Zinsbindungen kann eine Absicherung sinnvoll sein.

Bei überwiegend passiven Festzinspositionen sollte ein Swap verkauft werden (Tausch in variable Zinsen, Receiver-Swap). Hat das Unternehmen überwiegend variabel verzinste Aktiva, so bietet sich ebenfalls der Verkauf eines Swaps an (Erhalt des Festzinses, Zahlung von variablen Zinsen). Bei variablen Passivpositionen besteht bei sinkenden Zinsen kein Handlungsbedarf; die Verbesserung des Zinsergebnisses erfolgt ohne Swapaktivitäten.

f.Auflösung

Falls sich die Interessenlage oder Zinserwartung der Swappartner ändert, kann der Zinsswap durch

- einen Barwertausgleich (Close out),
- den Verkauf des Swaps oder
- den Abschluß eines Gegenswaps (Reverseswaps)

aufgelöst werden. Hierbei ist sowohl für die Auflösung durch eine Ausgleichszahlung als auch für den Swapverkauf die Kooperationsbereitschaft der Gegenpartei aus dem Swap nötig. Die Höhe der Ausgleichszahlung ist im wesentlichen von folgenden Größen abhängig:

- Restlaufzeit des Swaps,
- Differenz zwischen aktuellem Marktzins für die Restlaufzeit und dem vereinbarten Festzins,
- angefallene Zinsen vom letzten Zahltag bis zum Auflösungstag,
- Höhe des variablen Referenzzinssatzes für die laufende Periode und des Referenzzinses für den Rest der laufenden Periode.

Ohne das Einverständnis der Gegenpartei kann ein bestehender Zinsswap nur durch einen Reverseswap, d. h. durch den Abschluß eines zweiten, dem ersten entgegen gerichteten Zinsswap, ökonomisch neutralisiert werden.[100] Dieser Reverseswap wird mit dem gleichen Referenzzinssatz abgeschlossen. Der Festsatz richtet sich nach den aktuellen Marktkonditionen für die Restlaufzeit; hierdurch wird es in der Regel zu einer Differenz zum Festsatz der ursprünglichen Swapvereinbarung kommen. Im Ergebnis kann sowohl ein Gewinn wie auch ein Verlust (positive oder negative Zinsdifferenz) entstehen.

[100] Vgl. Pampel (1993), S. 115; Lerbinger (1988), S. 125.

4.1.2 Modifikationen von Zinsswaps

Aufgrund unterschiedlicher, individueller Kundenanforderungen bildeten sich auf den Swapmärkten zahlreiche neue Swapstrukturen heraus. Neben den weiter unten besprochenen Forward Zinsswaps[101] sind v.a. Swaps mit Anpassung des zugrundeliegenden Nominalbetrags zu nennen. Es gibt:

- **Step-Down-Swap** (Amortising Swap): Der Nominalbetrag reduziert sich während der Laufzeit sukzessive analog der Tilgungsstruktur eines Kredits. Der Swapsatz vermindert sich entsprechend; bei einer Laufzeit von 10 Jahren und einer Ratentilgung ergibt sich beispielsweise ein Satz von 4,98% gegenüber 5,30% ohne Tilgung.
- **Step-Up-Swap**: Der Nominalbetrag erhöht sich während der Laufzeit sukzessive planmäßig um einen bestimmten Betrag (z.B. um eine Kreditinanspruchnahme nach Baufortschritt abzusichern).

4.1.3 Zins-/Währungsswaps

Wird ein Zinsswap mit einem Währungsswap kombiniert, entsteht ein Zins-/Währungsswap, bei dem Kapital- und Zinsbeträge in unterschiedlichen Währungen zwischen den Partnern getauscht werden. So können gleichzeitig Zins- und Währungsrisiken abgesichert werden. Der Zins-/Währungsswap ermöglicht es den Partnern, ihre Grundgeschäfte unabhängig von Währung und Zinsberechnungsmodalität auf dem jeweils günstigsten Markt zu tätigen. Im Gegensatz zum reinen Zinsswap werden auch die vereinbarten Kapitalien in die benötigten Devisen getauscht. Während der Swaplaufzeit erfolgen entsprechend die getauschten Zinszahlungen in unterschiedlicher Valuta. Der Kapitalrücktausch erfolgt am Fälligkeitstag zum ursprünglich vereinbarten Kurs.[102]
Im folgenden Beispiel wird ein Zins-/Währungsswap bei Finanzierungsbedarf ("liability-cross-currency- interest-rate swap") dargestellt.

---

[101] Vgl. Kapitel 4.2.2

[102] Anmerkung: Bei Zins-/Währungsswaps kann man weiter unterscheiden in Festsatz-Währungsswaps (Tausch von fixen gegen fixe Zinszahlungen in unterschiedlichen Währungen), in Variabel-Variabel-Währungsswaps und in Fix-Variabel-Währungsswap. Vgl. Perridon/Steiner (1996), S. 380 f.; Binkowski/Beeck (1991), S. 34; Büschgen (1988), S. 28; Viermetz/Schwicht (1993), S. 697 f.

Beispiel 4.2. Zins-/Währungsswap

Ein deutsches Unternehmen A benötigt für eine Investition variabel verzinsliche US-$, es hat jedoch günstigen Zugang zu festverzinslichen DM-Mitteln. Dagegen wünscht ein amerikanisches Unternehmen B festverzinsliche DM; es kann sich aber günstig einen entsprechenden US-$-Betrag mit variabler Verzinsung beschaffen. Mit Hilfe eines kombinierten Zins-/Währungsswaps erfolgt der Interessenausgleich, so daß beide Partner zu besseren Konditionen den gewünschten Fremdwährungsbetrag erhalten. Die Unternehmen nehmen jeweils den günstigeren Kredit in ihrer eigenen Landeswährung auf und tauschen dann die entsprechenden Kapitalbeträge sowie Zinszahlungen untereinander aus. Somit erhält Unternehmen B die benötigten DM-Mittel und DM-Festzinsen von Unternehmen A und zahlt im Gegenzug dafür den entsprechenden US-$-Betrag und die variablen Zinsen in US-$ an das Unternehmen A. Unter Ausschluß des Währungs- und Zinsänderungsrisikos können sich mit Hilfe des Swaps beide Unternehmen günstiger Finanzmittel beschaffen:

Bei Beginn des Swaps: Tausch der Kapitalien

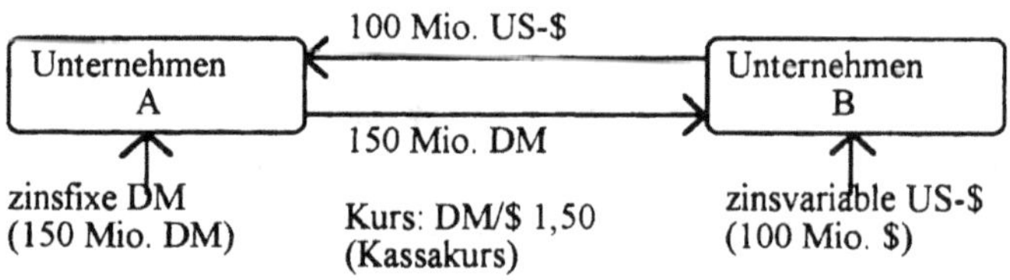

Während der Swaplaufzeit: Tausch der Zinszahlungen

Am Ende der Swaplaufzeit: Rücktausch der Kapitalien

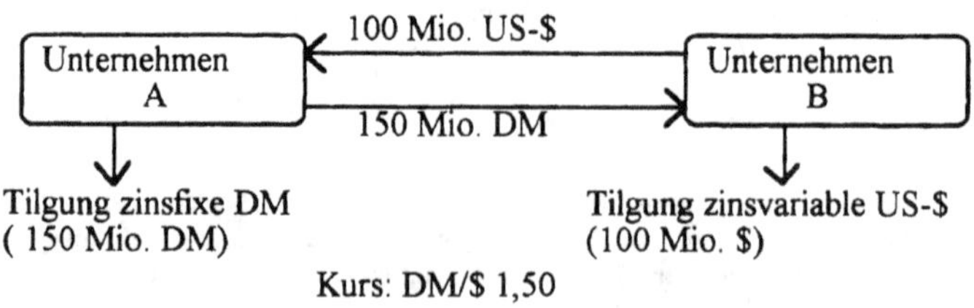

Der Rücktausch erfolgt zum ursprünglichen Kurs von DM/$ 1,50.

4.2 Unbedingte Termingeschäfte

Mit unbedingten Terminkontrakten kann man den Preis eines Zinsgeschäftes für einen künftigen Zeitpunkt/-raum heute schon fest vereinbaren, obwohl der zukünftige Marktpreis noch unbekannt ist. Die Erfüllung von unbedingten Termingeschäftenen ist obligatorisch und unabhängig von der künftigen Preisentwicklung. Somit hat der Unternehmer die Möglichkeit sich gegen Zinsänderungsrisiken abzusichern, da der Zinssatz bzw. Wert einer abgesicherten Position im voraus fixiert wird. Für die Vertragspartner besteht aber auch keine Möglichkeit, durch eine für sie günstigere Zinsentwicklung zusätzliche Gewinne zu erzielen. Diese Termingeschäfte können börsenmäßig organisiert sein oder sich außerhalb von Börsen zwischen Banken, anderen Finanzinstitutionen und sonstigen Nichtbanken vollziehen. Zu den unbedingten Termingeschäften zählen die standardisierten Financial-Futures-Märkte ebenso wie die OTC-Forwards.

4.2.1 Forward Rate Agreements (FRAs)

a. Grundlegendes

Forward Rate Agreements (FRAs) sind außerbörsliche Zinssicherungsinstrumente in Form von Zinsausgleichsvereinbarungen, d.h. zwei Parteien vereinbaren:

- einen bestimmten Festzinssatz (FRA-Satz),
- unter Zugrundelegung eines als Basis dienenden variablen Referenzzinssatzes (z. B. Dreimonats-FIBOR),
- für einen um die Vorlaufzeit in der Zukunft liegenden Zeitraum (FRA-Periode),
- auf einen bestimmten fiktiven, rein rechnerischen Kapitalbetrag zu fixieren.

Die Parteien kaufen bzw. verkaufen somit Termingelder per Termin, wobei die Verträge individuell ausgestaltet werden können.[103] Es gilt:

- Der **Käufer** eines FRA sichert sich gegen **steigende** Zinsen ab (Position des zukünftigen Kreditnehmers).
- Der **Verkäufer** eines FRA sichert sich gegen **sinkende** Zinsen ab (Position des Anlegers).

Es ist gängig, FRAs durch die Angabe der Periodenlängen zu charakterisieren:

---

[103] Vgl. Eilenberger (1993), S. 11.

Ein **3x9-FRA** hat eine Vorlaufzeit von 3 Monaten und eine Gesamtlaufzeit von 9 Monaten. Die abgesicherte Zinsperiode (FRA-Periode) beträgt 6 Monate.

FRAs haben eine Gesamtlaufzeit von maximal 24 Monaten.[104]

b. Vertragsbestandteile

Für ein FRA müssen folgende Größen von den Vertragspartnern festgeschrieben werden:

Vertragstyp	**FRA**
Nominalbetrag B	ab 1 Mio. DM
Gesamtlaufzeit T	bis maximal 24 Monate, gegeben durch
FRA-Periode t	3-12 Monate
Vorlaufzeit T-t	1-18 Monate
FRA-Zins	nach Marktlage
Referenzzins r	i.d.R. 3- oder 6-Monats-LIBOR (FIBOR)

Abbildung 4.5. Vertragsbestandteile von FRAs

Die angegebenen Periodenlängen stellen die am Markt üblicherweise gehandelten Zeiträume dar; wie bei allen OTC-Produkten sind im Einzelfall auch andere Vereinbarungen möglich.

c. Konditionen und Quotierung

Die Preisangaben für FRAs erfolgen durch Angabe des FRA-Zinssatzes in Abhängigkeit von den Periodenlängen. Die Angabe erfolgt in Prozent. Für FRAs werden Geld- und Briefsätze genannt. Die Geldsätze werden von den Banken zugrunde gelegt, wenn sie als Käufer auftreten. Die Briefsätze gelten für den Fall des Verkaufs durch die Bank.

Die folgende Tabelle zeigt beispielhaft FRA-Konditionen (Stand 7.1.1998, 3-Monats-FIBOR 3,62867%, 6-Monats-FIBOR 3,74600%, Konditionen unter Banken):

FRA	*FRA-Satz*	*FRA*	*FRA-Satz*

[104] Hier liegt ein wesentlicher Unterschied zu den oben besprochenen Swaps mit Laufzeiten bis zu 10 Jahren.

1x4	3,66 - 3,70	**1x7**	3,77 - 3,81
2x5	3,71 - 3,75	**6x12**	3,98 - 4,02
3x6	3,76 - 3,80	**12x18**	4,32 - 4,36
6x9	3,89 - 3,93	**18x24**	4,62 4,66

Tabelle 4.3. Geld- und Briefsätze für FRAs

Eine Beurteilung der FRA-Konditionen ist jederzeit relativ einfach möglich: Die synthetische FRA-Konstruktion läßt sich durch zwei gegenläufige Kassageschäfte nachbilden. Der Kreditnehmer kann die benötigten Mittel sofort für die Gesamtlaufzeit T aufnehmen und bis zum Zeitpunkt des Mittelbedarfs, d.h. für die Länge der Vorlaufzeit, anlegen.

Beispiel 4.3. Ersatz eines FRA durch gegenläufige Kassageschäfte

Ein (zukünftiger) Kreditnehmer will zur Absicherung eines Kredits über 1 Mio. DM ein 6x9-FRA erwerben. Nach Tabelle 4.3. kann er sich einen Zinssatz von 3,80% sichern.

Alternativ bieten sich folgende Möglichkeiten:

- Aufnahme eines Kredits über 9 Monate zu 3,85% und
- Anlage der Mittel aus dem Kredit zu 3,74% auf 6 Monate bzw. Wiederanlage der Zinsen zu 3,62% auf 3 Monate.

Die Zinszahlungen erfolgen jeweils nachschüssig. Vereinfachend werden die Periodenlängen mit 30 Tagen pro Monat gerechnet. Damit ergeben sich folgende Zahlungsströme:

Zeitpunkt	*Zufluß in DM*	*Abfluß in DM*
t=0 (Start)	1.000.000 aus Kredit	-1.000.000 als Anlage
t=6	Zins 18.700 aus Anlage 1.000.000	-
t=9	Zinseszins 170	Zins -28.875 Tilgung -1.000.000

Abbildung 4.6. Nachbildung eines FRA mit Kassageschäften

Die effektive Zinszahlung beträgt also:

DM 28.875 - DM 18.700 - DM 170 = DM 10.005.

Dies entspricht einer Zinsbelastung für den Kredit von:

(10.5 * 4) / 1.000.000 * 100% = 4,0020%

Der Erwerb des FRA ist mit 3,80% deutlich günstiger. Zu berücksichtigen wären zudem die Transaktionskosten der Kassageschäfte; damit verschlechtert sich diese Alternative nochmals.

d. Ablauf

Das folgende Schaubild verdeutlicht den Ablauf eines FRA:[105]

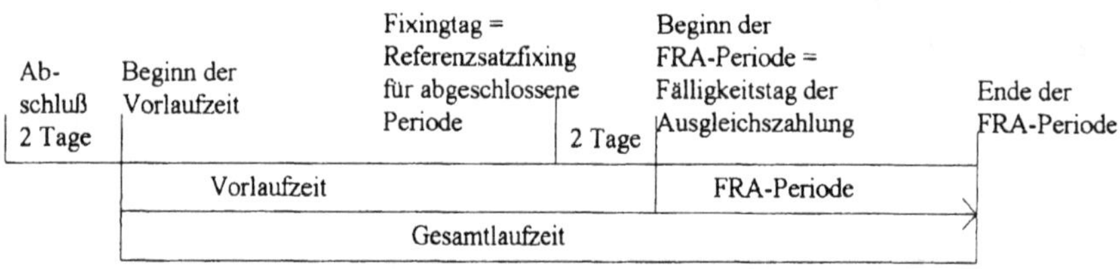

Abbildung 4.7. Ablaufschema eines Forward Rate Agreements

Die Höhe der Ausgleichszahlung ist schon am Anfang der FRA-Periode bekannt und wird bereits zu diesem Zeitpunkt gezahlt (vorschüssige Zahlungsweise). Die Ausgleichszahlung A ergibt sich für einen Kapitalbetrag K aus der Differenz zwischen Referenzzins r und FRA-Satz i bezogen auf die FRA-Periode t (in Tagen), abgezinst auf den Tag der Ausgleichszahlung:

$$A = \frac{K * (r - i) * t}{100 * 360} * \frac{1}{1 + r * t / 360}$$

Verluste der abzusichernden Position werden durch Ausgleichsansprüche aus dem FRA aufgehoben, sofern die abzusichernde Position die gleichen Merkmale wie im FRA vereinbart aufweist. Es müssen gegeben sein:

- Betragsidentität,
- gleiche Laufzeit und
- Gleichlauf von Referenzzins und Zins des abzusichernden Geschäfts.

Jedoch werden auch Gewinne der abzusichernden Position, wenn der Zins sich nicht wie erwartet entwickelt, durch dann entstehende Ausgleichsverpflichtungen

[105] Vgl. Bayerische Vereinsbank AG (1993), S. 41.

kompensiert. Wer die Ausgleichszahlung erhält, ist also abhängig von der Zinsentwicklung.
Dies kann graphisch wie folgt dargestellt werden:[106]

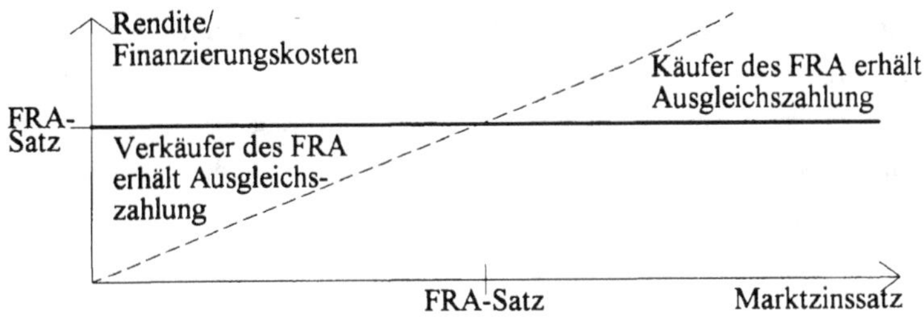

Abbildung 4.8. Ausgleichszahlung und Abhängigkeit von der Zinsentwicklung

e. Einsatz

Der Einsatz eines FRA ist in folgenden Situationen möglich:

Beispiel 4.4. Einsatz eines FRA: Kreditnehmer erwartet steigende Zinsen

Ein Unternehmer will in einigen Monaten einen Kredit aufnehmen. Durch den Kauf eines FRA kann er sich gegen zwischenzeitlich steigende Zinsen absichern. Er erhält vom Verkäufer am vereinbarten Fixingtag zu Beginn der Zinsperiode eine (abgezinste) Ausgleichszahlung in Höhe der Differenz zwischen festgelegtem FRA-Satz und dem höheren Referenzzinssatz (Basissatz), falls die Zinsen gestiegen sind.

Beispiel 4.5. Einsatz eines FRA: Kapitalanleger erwartet sinkende Zinsen

Ein Unternehmer will in einigen Monaten liquide Mittel anlegen. Durch den Verkauf eines FRA könnte er sich gegen eine erwartete Zinssenkung absichern. Wenn der zugrundegelegte variable Referenzzinssatz unter den vereinbarten FRA-Satz gesunken ist, erhält er vom FRA-Käufer eine kompensatorische Zahlung entsprechend der Differenz. Diese Zahlung fällt um so größer aus, je mehr der Referenzzins sinkt.

---

[106] Vgl. Bayerische Vereinsbank AG (1993), S. 42.

FRAs sichern sowohl die Zinssätze für bestehende wie zukünftige Liquiditätsüberschüsse und -bedürfnisse für eine zukünftige Zinsperiode ab. Die Ausgleichszahlung gewährleistet, daß für die Zinskosten bzw. -erträge eine feste Kalkulationsbasis existiert.

Die zugrundegelegten Kapitalbeträge werden dabei nicht ausgetauscht, sie dienen nur als Berechnungsgrundlage für die Ausgleichszahlung. Somit sind FRAs bilanzneutral. Außerdem steht es den Partnern offen, ob und wo sie zum festgelegten Termin die Mittel aufnehmen bzw. anlegen. Als Bezugsbasis können bei Forwardkontrakten auch derivative Handelsobjekte zugrundegelegt werden.[107]

Beispiel 4.6. Absicherung einer Geldanlage mittels FRA

Ein Unternehmen A hat in 6 Monaten freie Mittel, die es für eine kurze Laufzeit (6 Monate) am Geldmarkt anlegen möchte. Da es eine Zinssenkung erwartet, möchte sich das Unternehmen das heutige Zinsniveau durch den Verkauf eines FRA sichern. Bei Abschluß des FRA mit seiner Bank sichert sich das Unternehmen einen Festzinssatz für eine variable Geldanlage in der Zukunft, da die Differenz zum fixierten Zinssatz durch eine Ausgleichszahlung kompensiert wird.

Der 6x12-FRA-Satz beträgt 3,98% - Marge 0,05% = 3,93%.

In Abhängigkeit von der Zinssituation in 6 Monaten werden folgende Ausgleichszahlungen fällig:

6-Monats-LIBOR	Ausgleichszahlung in %
3,50%	+0,43%
4,50%	-0,57%
5,50%	-1,57%

Das Unternehmen hat sich damit den Zinssatz von 3,93% gesichert. Im ersten Fall erhält es, im zweiten und dritten Fall leistet es die Ausgleichszahlung.

Anmerkung: Die Ausgleichszahlung muß auf den Zahlungszeitpunkt abgezinst werden.

[107] So z.B. bei Forward-Caps, das sind heute per Termin gekaufte Caps, oder Forward-Swaps; vgl. Baxmann/Weichsler (1991), S. 550.

f. Auflösung

Ein FRA kann jederzeit durch das Eingehen einer entgegengesetzten FRA-Position neutralisiert werden.

4.2.2 Forward Zinsswaps

a. Grundlegendes

Ein Forward Zinsswap entspricht in seiner Wirkungsweise dem Zinsswap, jedoch beginnen Zinsperiode und damit die Ausgleichszahlungen nicht beim Abschluß, sondern erst zu einem späteren, festgelegten Zeitpunkt. Nach dieser zahlungsfreien Vorlaufzeit unterscheidet er sich nicht mehr vom einfachen Zinsswap. Die Vertragspartner vereinbaren, zu einem in der Zukunft liegenden Termin, in einen nach Nominalbetrag, Laufzeit und Zinssatz genau spezifizierten Zinsswap einzutreten.

Somit können die Kontraktparteien zukünftige Zahlungsströme in Verbindung mit Finanzierungs- und Anlageentscheidungen mit einer entsprechenden zahlungsfreien Vorlaufzeit gegen Auswirkungen steigender und fallender Zinsen absichern.[108]

b. Vertragsbestandteile

Für einen Forward Swap müssen folgende Größen von den Vertragspartnern festgeschrieben werden:

Vertragstyp	**Forward-Zinsswap**
Vorlaufzeit t_{vor}	6 Monate - 3 Jahre
Spezifikationen des Swaps	wie in Abbildung 4.1. angegeben; Besonderheit:
Laufzeit T	zusammen mit der Vorlaufzeit maximal 10 Jahre

Abbildung 4.9. Vertragsbestandteile eines Forward-Zinsswaps

c. Konditionen und Quotierung

Die Konditionen für Forward Zinsswaps zeigt folgende Tabelle 4.4. (Stand 03. April 1997). Der 6-Monats-LIBOR betrug zu diesem Zeitpunkt 3,28125%.

[108] Vgl. Zahn (1991), S. 171; Binkowski/Beeck (1991), S. 36; Dattatreya (1992), S. 34; Eilenberger (1993), S. 114; Bayerische Vereinsbank AG (1993), S. 48-53.

Die erste Spalte der Tabelle 4.4. zeigt die Länge der (zahlungsfreien) Vorlaufzeit. In der Kopfzeile ist die Dauer der Zinsaustauschperiode zu entnehmen. Die Konditionen sind wie beim Swap[109] angegeben: Der höhere Zinssatz entspricht dem Geld-, der niedrigere dem Briefkurs.

Laufzeit / *Vorlauf*	*2-Jahres-Swap*	*3-Jahres-Swap*	*5-Jahres-Swap*	*9-Jahres-Swap*
6 Monate	4,25-4,31	4,74-4,80	5,52-5,58	6,35-6,41
1 Jahr	4,74-4,80	5,22-5,28	5,91-5,97	6,62-6,68
2 Jahre	5,78-5,84	6,14-6,20	6,63-6,69	-
3 Jahre	6,60-6,66	6,83-6,89	7,16-7,22	-

Tabelle 4.4. Konditionen Forward Swap
(Basis: 6-Monats-LIBOR)

d.Ablauf

Mit Ausnahme der Vorlaufzeit entspricht der Ablauf einem „normalen“ Zinsswap.

e. Einsatz

Auch der Einsatz von Forward Zinsswaps entspricht dem Spektrum von Zinsswaps, nur daß die Mittelaufnahme bzw. -anlagen erst zu einem späteren Zeitpunkt anstehen. Damit läßt sich die Wirkungsweise von Swaps auf zukünftige Transaktionen übertragen.

Im kurzfristigen Bereich konkurrieren Forward Zinsswaps mit FRAs. Durch die bei Forward Zinsswaps übliche längere Laufzeit entsteht bei Standardkonditionen jedoch keine direkte Konkurrenz. Die Einsatzmöglichkeiten sind jedoch ähnlich.

f. Auflösung

Die Auflösung eines Forward Zinsswap kann während der Vorlaufzeit jederzeit durch das Eingehen der entgegengesetzten Position erreicht werden. Nach Eintritt in den Swap stehen die Möglichkeiten der Auflösung eines Swaps zur Verfügung.[110]

[109] Vgl. Tabelle 4.1.
[110] Vgl. Kapitel 4.1.1.f

Beispiel 4.7. Forward Swap

Das Unternehmen X benötigt für 5 Jahre einen Kredit über 10 Mill. DM. Da ihm die Finanzierung am Euromarkt mit einer geringen Marge von 0,375% möglich ist, möchte man dies nutzen. Ein Festsatzkredit wäre zu 5,15% (Zinszahlung jährlich nachschüssig) erhältlich. Die Geschäftsleitung gibt vor, daß (Zins-)Risiken nur in begrenztem Umfang eingegangen werden dürfen. Um trotzdem die aktuell sehr niedrigen Geldmarktzinsen nutzen zu können, soll ein Forward Swap eingesetzt werden.

Nach der Konditionen-Tabelle bieten sich zwei Möglichkeiten an. Ergänzt um die Festzinsvariante ergeben sich die folgenden Strategien:

Strategie 1: Ein 2-Jahres-Swap mit 3 Jahren Vorlaufzeit: Festzins 6,66%;
Strategie 2: Ein 3-Jahres-Swap mit 2 Jahren Vorlaufzeit: Festzins 6,20%.
Strategie 3: Festsatzkredit mit 5,15%.

Zur Beurteilung und Entscheidung sollen 3 Zinsszenarien betrachtet werden:

a. Seitwärtsbewegung der Zinsen;
b. Leichter Anstieg der Zinsen;
c. Starker Anstieg der Zinsen.

Im einzelnen wurde festgelegt:

Start Periode	*Szenario a % LIBOR*	*Szenario b % LIBOR*	*Szenario c % LIBOR*
06.10.97	3,28125	3,78125	4,28125
06.04.98	3,28125	4,28125	5,28125
05.10.98	3,28125	4,78125	6,28125
05.04.99	3,28125	5,28125	7,28125
05.10.99	3,28125	5,78125	8,28125

Tabelle 4.5. Zinsszenarien

Der aktuelle LIBOR beträgt 3,28125%.

Bei Strategie 1 ist für die ersten **6** Zinsperioden (= 3 Jahre) der 6-Monats-LIBOR zuzüglich Marge zu bezahlen. Für das 4. und 5. Jahr ist ein Festzins von 6,66% vereinbart.

Bei Strategie 2 ist für die ersten **4** Zinsperioden (= 2 Jahre) der 6-Monats-LIBOR zuzüglich Marge zu bezahlen. Für das 3., 4. und 5. Jahr ist ein Festzins von 6,20% vereinbart.[111]

Daraus leiten sich die in Tabelle 4.6.a.-c. dargestellten Zahlungsreihen ab. Zu beachten ist, daß bei den Strategien 1 und 2 die Marge aus dem Eurokredit auch dann zu bezahlen ist, wenn der Swap greift, da der Swap-Partner nur den LIBOR ohne Marge erstattet.

Sofern in den Tabellen 4.6.a.-c. zwei Werte angegeben sind, wird zuerst die Zinszahlung aus dem LIBOR bzw. Festsatz und dann die Belastung aus der Marge von 0,375% ausgewiesen.[112] Die Summe beider Werte ergibt den gesamten Mittelabfluß.

Die Zeile Barwert weist die auf den 05.04.97 abgezinsten Zahlungen aus Zins und Marge aus.[113] Als Kalkulationszinsfuß dient der Festsatz von 5,15%.

Im Ergebnis zeigt sich deutlich, daß nur bei einem sehr moderaten Anstieg des LIBOR der Forward Swap Vorteile besitzt. Da in der Ausgangssituation allgemein mit einem Zinsanstieg gerechnet wurde, liegen die Festsatzzinsen des Forward Swaps verhältnismäßig hoch. Hinzu kommt, daß beim Forward Swap die Marge auch nach Einsetzen des Zinstausches nach 2 bzw. 3 Jahren zu zahlen ist: „Ersetzt“ wird nur der LIBOR ohne Marge!

Ein Unternehmen, das keine spekulativen Ziele verfolgt, wird unter den gegebenen Voraussetzungen sicherlich den Festsatzkredit wählen.

Der Einsatz eines Forward Swaps bietet sich in der dargestellten Ausgangslage vornehmlich dann an, wenn

- für einen überschaubaren Zeitraum (z.B. 2 Jahre) mit stabilen Zinsen gerechnet wird und
- die Zinsentwicklung danach ungewiß ist.

---

[111] Die Konditionen sind Tabelle 4.4. entnommen.

[112] Bei jährlicher Zahlung der Zinsen (Strategie 1 in den Jahren 4 und 5, Strategie 2 in den Jahren 3, 4 und 5) wird die Marge als Jahreswert ausgewiesen. Die Zahlungen fallen tatsächlich halbjährlich als Differenzgröße aus den Zahlungsströmen der variablen Zinsen an.

[113] Die einzelnen Zahlungen wurden exponentiell abgezinst.

Ende Periode	*Strategie 1*	*Strategie 2*	*Strategie 3*
06.10.97	167.708 + 19.167	167.708+ 19.167	-
06.04.98	165.885 + 18.958	165.885 + 18.958	515.000
05.10.98	165.885 + 18.958	165.885 + 18.958	-
05.04.99	165.885 + 18.958	165.885 + 18.958	515.000
05.10.99	166.797+ 19.063	-	-
05.04.00	165.885 + 18.958	620.000 + 38.020	515.000
05.04.01	666.000 + 38.020	620.000 + 38.020	515.000
05.04.02	666.000 + 38.020	620.000 + 38.020	515.000
Barwert	2.143.164	2.312.818	2.220.465

Tabelle 4.6.a. Szenario **a**: Entwicklung der Zinszahlungen

Ende Periode	*Strategie 1*	*Strategie 2*	*Strategie 3*
06.10.97	167.708 + 19.167	167.708 + 19.167	-
06.04.98	191.163 + 18.958	191.163 + 18.958	515.000
05.10.98	216.441 + 18.958	216.441 + 18.958	-
05.04.99	241.719 + 18.958	241.719 + 18.958	515.000
05.10.99	268.464 + 19.063	-	-
05.04.00	292.274 + 18.958	620.000 + 38.020	515.000
05.04.01	666.000 + 38.020	620.000 + 38.020	515.000
05.04.02	666.000 + 38.020	620.000 + 38.020	515.000
Barwert	2.481.062	2.452.332	2.220.465

Tabelle 4.6.b. Szenario **b**: Entwicklung der Zinszahlungen

Ende Periode	*Strategie 1*	*Strategie 2*	*Strategie 3*
06.10.97	167.708 + 19.167	167.708 + 19.167	-
06.04.98	216.441 + 18.958	216.441 + 18.958	515.000
05.10.98	266.997 + 18.958	266.997 + 18.958	-
05.04.99	317.552 + 18.958	317.552 + 18.958	515.000
05.10.99	370.130 + 19.063	-	-
05.04.00	418.663 + 18.958	620.000 + 38.020	515.000
05.04.01	666.000 + 38.020	620.000 + 38.020	515.000
05.04.02	666.000 + 38.020	620.000 + 38.020	515.000
Barwert	2.818.961	2.591.846	2.220.465

Tabelle 4.6.c. Szenario **c**: Entwicklung der Zinszahlungen

4.3 Außerbörsliche Optionsgeschäfte

Im Gegensatz zu Forwards und Futures sind **Optionsgeschäfte bedingte Termingeschäfte**, da die Geschäftserfüllung nicht zwingend ist, sondern vom Ausübungswahlrecht des Optionserwerbers abhängt. Der Optionskäufer[114] erwirbt also lediglich das Recht, aber nicht die Pflicht, eine bestimmte Menge des Vertragsgegenstandes (Basiswert) innerhalb eines bestimmten Zeitraumes (bei der "Amerikanischen" Option) oder zu einem bestimmten Zeitpunkt (bei der "Europäischen" Option) zu einem im voraus festgelegten Preis[115] zu kaufen (Kaufoption = Call) bzw. zu verkaufen (Verkaufsoption = Put).

Dagegen hat der Verkäufer oder Stillhalter die Verpflichtung, auf Verlangen des Käufers den Basiswert[116] zum vereinbarten Basispreis zu kaufen (Put) bzw. zu verkaufen (Call). Übt der Käufer sein fakultatives Recht nicht innerhalb der vereinbarten Frist aus, verfällt es. Für dieses Recht zahlt der Käufer dem Verkäufer der Option (als Entgelt für das einseitig übernommene Risiko) die nicht rückerstattungsfähige Optionsprämie.[117] Diese Optionsprämie stellt für den Käufer den maximalen Verlust und für den Verkäufer den maximal möglichen Gewinn dar. Der Optionskäufer überträgt gegen Zahlung der Optionsprämie das ZÄR auf den Optionsverkäufer.

Gekaufte Optionen besitzen damit eine Versicherungsfunktion, weil Verluste zukünftiger Entwicklungen durch den gewählten Ausübungspreis und den Optionspreis beschränkt werden. Das mit der Option eingeräumte Recht findet sich auch in verbriefter Form im sogenannten Optionsschein oder auch Warrant.[118]

Abbildung 4.10. zeigt die Grundpositionen und die jeweiligen Rechte und Pflichten im Optionsgeschäft.[119]

[114] Den Kauf einer Option bezeichnet man auch als Long-Position, den Verkauf oder das Schreiben einer Option als Short-Position.

[115] Der Preis (bzw. Kurs), zu dem vereinbarungsgemäß die Option ausgeübt werden kann, er wird auch als Ausübungspreis, Basispreis, strike price oder exercise price bezeichnet.

[116] Mit Basiswert bezeichnet man den einer Option zugrundeliegenden Finanztitel.

[117] Für das Recht, eine Kauf- oder Verkaufsoption ausüben zu können, zahlt der Käufer den Optionspreis (Optionsprämie). Umgekehrt erhält der Verkäufer (auch Stillhalter oder Schreiber) den Optionspreis als Ausgleich für das Risiko, aus der Option in Anspruch genommen zu werden. Die Optionsprämie bildet für den Käufer zusammen mit den Transaktionskosten (Gebühren, Provisionen etc.) den Anschaffungspreis der Option.

[118] Vgl. Hull (1993); S. 5; Baxmann/Weichsler (1991), S. 550; Pampel (1993), S. 102; Baxmann (1991b), S. 494; Aschinger (1993), S. 2; Perridon/Steiner (1996), S. 166 ff.;

[119] Vgl. Pampel (1993), S. 103.

4 Die OTC-Instrumente 73

	Verkaufsoption (Put)	*Kaufoption (Call)*
Käufer	Long-Put-Position Pflicht zur Prämienzahlung, Recht zum Verkauf des Zinsinstruments	Long-Call-Position Pflicht zur Prämienzahlung, Recht zum Kauf des Zinsinstruments
Verkäufer	Short-Put-Position Anspruch auf Prämie, Pflicht zum Kauf des Zinsinstruments bei	Short-Call-Position Anspruch auf Prämie, Pflicht zum Verkauf des Zins-

Abbildung 4.10. Grundpositionen im Optionsgeschäft mit ihren jeweiligen Rechten und Pflichten

Mithilfe von gekauften Optionen kann der Hedger somit die Auswirkung von negativen Zinsänderungen beschränken, weil er das Recht hat, in den Vertrag mit den besseren vereinbarten Konditionen einzutreten. Für diesen Vorteil ist die Optionsprämie als Preis zu entrichten. Sofern keine Verschlechterung der Zinsposition eintritt, führt die Prämienzahlung zu einer Verschlechterung des Zinsergebnisses (Performance), da die Option dann nicht ausgeübt wird und verfällt.

Hingegen kann der Verkäufer mit dem erhaltenen Optionspreis aus einem Optionsverkauf den Verlust bei negativen Zinsänderungen mindern, wobei er jedoch auf die Auswirkung von positiven Zinsänderungen verzichtet. Der Verkauf einer Option (Short-Position) kann ein Zinsrisiko niemals ausschließen. Die erhaltene Prämie führt zu einer Verbesserung der Performance; sofern keine reine Spekulation vorliegt, bleibt jedoch das Zinsrisiko erhalten, wohingegen die Zinschance begrenzt wird .

Die Besonderheit der Optionen liegt in ihrem **asymmetrischen Chancen-Risiko-Profil**, da mit dem Kauf einer Option voll an günstigen Zinsentwicklungen partizipiert werden kann. Das Verlustrisiko ist bei einer Long-Position hingegen auf die entrichtete Optionsprämie begrenzt, weil die Option bei einer günstigen Entwicklung der Marktpreise nicht ausgeübt werden muß.

Das Gewinn-/Verlustprofil des Verkäufers ist spiegelbildlich zu dem des Optionskäufers. Der unbegrenzten Gewinnchance und dem begrenzten Verlustrisiko des Käufers steht ein unbegrenztes Verlustrisiko des Verkäufers und eine auf die Optionsprämie begrenzte maximale Gewinnchance gegenüber.[120]

Optionen können sich auf Kassageschäfte oder auf Termingeschäfte beziehen:

- Auf Kassageschäfte bezogene Zinsoptionen geben im Falle der Ausübung dem Options-käufer das Recht, vom Stillhalter die sofortige Durchführung des zugrundeliegenden Geschäftes mit einem Zinstitel zu verlangen.
- Hingegen ist das Basisobjekt einer auf ein termingeschäftsbezogenen Zinsoption ein Zinstermingeschäft.[121]

---

[120] Vgl. Uszczapowski (1989), S. 14 f.; Baxmann (1991b), S. 494; Viermetz/Schwicht (1993), S. 712.
[121] Vgl. Beilner/Schoess (1991), S. 374; Franke, J. (1993); Eilenberger (1993), S. 394; Hielscher (1993), S. 1168.

4.3.1 Zinsbegrenzungsverträge

Unter Zinsbegrenzungsverträge fallen Caps (Zinsobergrenzen), Floors (Zinsuntergrenzen) und Collars (Bandbreiten zwischen festgelegten Zinsober- und -untergrenzen). Sie zählen zu den derivativen Swapinstrumenten mit Optionscharakter. Als besonders vorteilhaft erweist sich dabei die Möglichkeit, daß Betrag und Fälligkeit genau auf den Zinssicherungsbedarf zugeschnitten werden können.

Die Marktteilnehmer können mit ihrer Hilfe auf steigende, unveränderte oder fallende Zinsen spekulieren. Zum anderen können sie Zinsrisiken beschränken. Diese Zinsbegrenzungsverträge wurden zunächst in Verbindung mit der Begebung zinsvariabler Grundgeschäfte (Anlage, Kredit) verwendet, um das Risiko extremer Zinsänderungen zu begrenzen. Mittlerweile werden sie auch isoliert gehandelt, sei es durch Trennung vom Grundgeschäft oder als von Anfang an eigenständige Vereinbarung. Diese separat handelbaren Rechte erscheinen nicht in der Bilanz ("off-balance sheet" products).

Wegen der meist langfristig abgeschlossenen Verträge können Cap- und Floorkäufer ihr Recht bei starken Zinsschwankungen innerhalb der Laufzeit öfters ausüben. Deshalb wird im Zusammenhang mit Caps und Floors auch oft von einem Bündel von Swap-Optionen[122] gesprochen. Bei Caps und Floors werden, wie bei einem "gewöhnlichen" Swap, fiktiver zugrunde gelegter Nominalbetrag, Laufzeit, Festzins, d.h. Zinsobergrenze beim Cap, Zinsuntergrenze beim Floor, und variabler Referenzzins vereinbart.

Allerdings entrichtet der Käufer der Zinsbegrenzung eine Prämie an den Verkäufer (Stillhalter) für die ihm eingeräumte Zinsabsicherung, was die Analogie zum ebenfalls risikoasymmetrischen Optionsgeschäft verdeutlicht. Im Gegenzug verpflichtet sich der Verkäufer, die Differenz zwischen dem vereinbarten Maximal- bzw. Mindestzins und dem in der jeweiligen Periode geltenden Marktzins auszugleichen. Das Risiko des Käufers der Zinsbegrenzung und die Gewinnchance des Verkäufers sind dabei auf die gezahlte Prämie beschränkt.[123]

---

[122] Zu Swap-Options (Swaptions) vgl. Kapitel 4.3.2

[123] Vgl. Baxmann/Weichsler (1991), S. 549; Viermetz/Schwicht (1993), S. 712; Burger (1989), S. 68; Kahle (1992), S. 6.

4.3.1.1 Cap

a. Grundlegendes

Der Käufer eines Caps sichert sich durch Zahlung einer Prämie gegen Zinssteigerungen über eine definierte Zinsobergrenze hinaus ab. Der Verkäufer des Caps verpflichtet sich, eine über die im Cap vereinbarte Zinsobergrenze hinausgehende Zinsmehrbelastung bezogen auf den Nominalbetrag des Caps durch eine Zahlung an den Käufer ("Versicherungsnehmer") auszugleichen.

Dazu werden zu festgelegten Zeitpunkten der aktuelle Referenzzins r (Basissatz) und der vereinbarte fixe Cap-Satz $\bar{r}$ (Zinsobergrenze) verglichen. Es gilt:

- Liegt der variable Basissatz über der vereinbarten Zinsobergrenze ($r > \bar{r}$), dann zahlt der Verkäufer des Cap an den Käufer die Differenz zwischen beiden Sätzen bezogen auf den Nominalbetrag und die Zinsperiode.
- Liegt der aktuelle Referenzzins konträr zu den Erwartungen des Käufers unter dem vereinbarten Cap-Satz ($r \leq \bar{r}$), erfolgt keine Ausgleichszahlung.

b. Vertragsbestandteile

Am Markt werden Caps mit verschiedenen Zinsobergrenzen und Laufzeiten angeboten. Die Zinsobergrenzen orientieren sich am aktuellen Zinsniveau; die Laufzeiten liegen bei maximal 10 Jahren. Mit der Wahl der Cap-Höhe $\bar{r}$ (=Zinsobergrenze) drückt der Käufer seine Erwartungen über die Zinsentwicklung und die Intensität der gewünschten Absicherung aus. Die Laufzeit wird sich in der Regel an der Restlaufzeit des abzusichernden Basisgeschäfts orientieren. Nur bei sehr langfristigen Basisgeschäften könnte die Laufzeit des Cap auch nach der Einschätzung der zukünftigen Zinsentwicklung festgelegt werden: Die Laufzeit des Cap muß dann die erwartete Hochzinsphase abdecken.

Für einen Cap müssen folgende Größen von den Vertragspartnern festgeschrieben werden:

Vertragstyp	**Cap**
Laufzeit T	meist zwischen 2 und 10 Jahren
Nominalbetrag B	ab 1 Mio. DM, dient als Grundlage für die Zinsberechnung
Referenzzins r	i.d.R. LIBOR oder FIBOR
Länge der Zinsperiode	i.d.R. 3 oder 6 Monate
Vergleichszeitpunkte (Roll-over-Termine)	meist Abschlußtag + 2 Bankarbeitstage zuzüglich n-mal der Zinsperiode bis zum Ende von T
Zinsobergrenze $\bar{r}$	frei wählbar
Prämie P	nach Marktlage
Prämienzahlung	einmalig bei Abschluß oder jährlich nachschüssig

Abbildung 4.11. Vertragsbestandteile eines Cap

Ein Cap mit Standardbedingungen wird auch als „Plain Vanilla Cap" bezeichnet.

Der Cap-Käufer hat mit der Prämienzahlung eine Versicherung gegen steigende Zinsen erworben und kann eine maximale Zinsbelastung festschreiben.[124] Die Prämienzahlung erfolgt zumeist bei Abschluß des Vertrages; es gibt jedoch auch die Möglichkeit, die Prämie verteilt über die Laufzeit des Caps zu leisten. Die Prämie erhöht den Zinsaufwand für den Käufer bezogen auf das - vom Cap unabhängige - Grundgeschäft.[125]

Der Cap-Verkäufer hingegen erwartet fallende oder gleichbleibende Zinsen (Seitwärtsbewegung): Die vereinnahmte Optionsprämie bedeutet für ihn dann eine Verbesserung seines Zinsergebnisses.

c. Konditionen und Quotierung

Die Prämien für Caps werden in Basispunkten (1 Basispunkt = 0,01%) in Abhängigkeit von der Laufzeit und der Zinsobergrenze angegeben.

Die folgende Tabelle 4.7. zeigt beispielhaft die Cap-Konditionen in einer Niedrigzinsphase (Stand 03. April 1997), deren Ende allgemein erwartet wird. Der 6-Monats-LIBOR betrug zu diesem Zeitpunkt 3,28125%.

---

[124] Vgl. Glogowski (1990), S. 372; Fitzgerald (1987), S. 197.

[125] Das Grundgeschäft ist - unter den hier gesetzten Prämissen - in der Regel ein Kredit mit variabler Verzinsung.

Cap / Laufzeit	6,00%	6,50%	7,00%
2 Jahre	-	-	-
3 Jahre	33 - 42	23 - 29	15 - 20
4 Jahre	114 - 130	84 - 100	62 - 76
5 Jahre	214 - 237	161 - 183	122 - 141
7 Jahre	449 - 484	360 -397	279 - 314
10 Jahre	814 - 866	662 - 710	535 - 582

Tabelle 4.7. Cap-Konditionen[126]
(Basis: 6-Monats-LIBOR)

Die Tabelle zeigt: Die Prämienhöhe ist von der Laufzeit (je länger desto höher die Prämie) und von der Zinsobergrenze (je niedriger desto höher die Prämie) abhängig.

Die in der Tabelle angebotenen Preise sind in Basispunkten[127] notiert. Der erste Preis nennt den Ankauf- (Geld), der zweite Preis den Verkaufskurs (Brief) der Bank. Die Spanne zwischen An- und Verkaufskurs entspricht dem Angebot einer Großbank an eine renommierte Industrieadresse. Unter Banken werden geringere Spannen (z.B. 5 Basispunkte bei einem Cap von 6% auf 3 Jahre anstelle von 9 Basispunkten im Angebot) gehandelt. Für mittelständische Unternehmen muß hingegen mit größeren Spannen, d.h. mit schlechteren Konditionen gerechnet werden. Teilweise werden auf die Interbankkurse bis zu 10 Basispunkte je auf den An- und den Verkaufskurs (insgesamt also 20 Basispunkte) aufgeschlagen.

Beispiel 4.8.-1 Cap

Ein Unternehmen X möchte einen Kredit über 10 Mio. DM zu variablen Konditionen (Basis: 6-Monats-LIBOR) aufnehmen. Zur Absicherung soll ein Cap auf 3 Jahre mit Zinsobergrenze 6,00% gekauft werden: Der Cap kostet eine Prämie von 0,42% des vereinbarten Nominalbetrages; eine Absicherung von 10 Mio. DM zu dieser Kondition verlangt also einen Einsatz von 42.000 DM.

Der Kreditnehmer tritt als Cap-Käufer auf; für ihn gilt der Briefkurs. Die abgebildeten Prämien gelten für eine Einmalzahlung bei Vertragsabschluß. Für den Cap-Käufer sind

[126] Für eine Laufzeit von 2 Jahren gab es kein Angebot.
[127] Ein Basispunkt entspricht 0,01%.

mit der Zahlung der Prämie alle Verpflichtungen erfüllt. Das Risiko des Käufers ist also auf die Höhe der Prämie beschränkt.

Der Cap-Verkäufer erhält zum Ausgleich seines Risikos die Prämie. Dem steht allerdings die Verpflichtung zur Zahlung des Zinsausgleichs unter den vereinbarten Bedingungen gegenüber. Dieses Risiko liegt für jede einzelne Zinsperiode vor. Das Risiko des Verkäufers ist theoretisch unbegrenzt.

Ein vereinbarter Cap wird beim Abschlußdatum in der Regel eine Zinsobergrenze aufweisen, die mindestens 2% über dem aktuellen Niveau des Referenzzinssatzes liegt.

d. Ablauf

Abbildung 4.12. veranschaulicht die wesentlichen Eigenschaften eines Caps in graphischer Form.

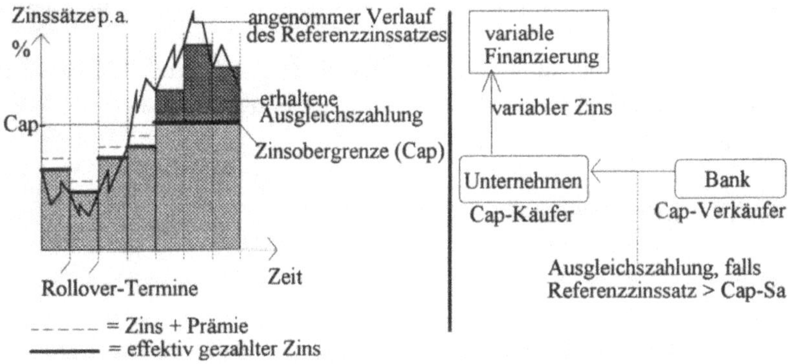

Abbildung 4.12. Gewinn- und Verlustsituation und Ablaufschema einer Cap-Vereinbarung

Multipliziert man die Laufzeit des Caps mit der Anzahl der Zinsperioden pro Jahr, so erhält man die totale Anzahl Zinsperioden. Gedanklich läßt sich ein **Cap** in ein Portofolio aneinandergereiter außerbörslicher (over-the-counter) Zinsoptionen zerlegen; jedem Vergleichstermin wird eine derartige Option (Caplet) zugeordnet.

Beispiel 4.8.-2 Cap

Der Cap auf Basis des 6-Monats-LIBOR (= 2 Zinsperioden pro Jahr) mit einer Laufzeit von 3 Jahren umfaßt total 2*3 = 6 Zinsperioden.

Der Vergleich zwischen Referenzzins r und Cap-Satz $\bar{r}$ findet jeweils zu Beginn einer jeden Zinsperiode statt. Eine Ausnahme bildet die erste Zinsperiode: Hierfür wird in der Regel keine Ausgleichszahlung gewährt. Da bei Abschluß der Cap-Vereinbarung bereits die Höhe der ersten Ausgleichszahlung bekannt ist, müßte diese in die Prämie hinein gerechnet werden und würde so die Prämienhöhe nur unnötig erhöhen. Zudem liegt für die erste Periode kein Zinsrisiko vor, da der zu leistende Zinssatz bekannt ist.

Beispiel 4.8.-3 Cap

Bei total 6 Zinsperioden findet an 5 Terminen ein Zinsvergleich statt.

Die Ausgleichszahlung wird am Anfang einer Zinsperiode bestimmt und am Ende der Zinsperiode (nachschüssig) fällig. Die Berechnung der Ausgleichszahlung AZ erfolgt nach folgender Formel:

$$AZ = \frac{TageZinsperiode}{360} * \frac{r - \bar{r}}{100} * B \qquad \text{für } r > \bar{r}$$

$$AZ = 0 \qquad \text{sonst}$$

Für die Größe „*TageZinsperiode*" werden die tatsächlichen Tage (actual) gerechnet. Der Valutatag für die Fälligkeit der eventuellen Ausgleichszahlung wird aus dem Abschlußtag der Cap-Vereinbarung bestimmt:

Abschlußtag + 2 Bankarbeitstage = Valutatag

Der Valutatag wird über die Länge der Zinsperioden fort geschrieben; fällt ein Valutatag auf ein/en Wochenende/Feiertag so wird der nächste Bankarbeitstag genommen.Der Vergleichstag (fixing date) ist jeweils zwei Bankarbeitstage vor dem Valutatag.

Beispiel 4.8.-4 Cap

Der Abschluß des Cap erfolgt am 3.4.1997. Der erste Valutatag ist zwei Bankarbeitstage später am 05.04.1997. Der erste Fixingtag ist der 3.10.1997[128] und bezieht sich auf die zweite Zinsperiode. Die Tabelle zeigt die Daten der ersten 4 Zinsperioden, den Vergleichstag und die Länge der Zinsperioden (Zinstage).

Die Angaben für den 6-Monats-LIBOR stellen hypothetische Werte dar, auf deren Grundlage die Ausgleichszahlung berechnet ist. Deutlich wird der erforderliche starke Zinsanstieg, damit eine Ausgleichszahlung fällig wird, da am Markt Zins-steigerungen erwartet wurden.

Abschlußtag: Donnerstag 03.04.97 -> Valuta: 05.04.97						
Periode	Start	Ende	Fixing date	Zins-tage	6-Monats-LIBOR	Ausgleichs-zahlung
1	05.04.97 Mo	06.10.97 Mo	entfällt	184	3,7562%	keine
2	06.10.97 Mo	06.04.98 Mo	03.10.97	182	4,5391%	keine
3	06.04.98 Mo	05.10.98 Mo	03.04.98	182	6,0258%	1.311,50
4	05.10.98 Mo	05.04.99 Mo	02.10.98	182	6,4589%	23.199,94

Tabelle 4.8. Termine einer Cap-Vereinbarung

Die Cap-Prämie muß der Käufer der Zinsbelastung aus dem zugrundeliegenden Kreditgeschäft während der Cap-Laufzeit aufschlagen. Zu beachten ist dabei, daß es sich bei der Prämienzahlung um eine vorschüssige Einmalzahlung handelt: Für eine Zinsbetrachtung muß die Prämie auf die Laufzeit des Caps umgerechnet werden. Diesen Vorgang kann man sich folgendermaßen veranschaulichen:

Der Cap-Käufer nimmt bei Prämienzahlung einen (zusätzlichen) Kredit über die Prämie auf. Diesen zahlt er in Annuitäten , d.h. gleichbleibenden Raten über die Laufzeit des Caps zurück; die Zahlungszeitpunkte entsprechen dabei genau den Zinsterminen des Caps.

Folgende Daten sind zur Berechnung erforderlich:

[128] Der 3. Oktober ist nur in der BRD ein Feiertag. Ein LIBOR-Fixing findet statt!

P	Prämie des Caps
T	Laufzeit in Jahren
n	Anzahl Zinsperioden pro Jahr
i	Zins für die Kreditaufnahme (p.a.)
B	Nominalbetrag

In einem ersten Schritt ist der Jahreszins i in den Zins der Zinsperiode (z.B. 6 Monate; n=2) umzurechnen. Die Anzahl der Zinsperioden ergibt sich aus dem Quotienten (12 Monate / Länge der Zinsperiode in Monaten).
Für den unterjährigen Zinssatz i_n gilt:

$$i_n = \sqrt[n]{1 + i / 100} - 1$$

Beispiel 4.8.-5 Cap

Zur Finanzierung der Prämie von DM 42.000 kann ein Annuitätendarlehen zu 5,00% bei halbjährlicher nachschüssiger Zahlung aufgenommen werden. Die Raten aus dem Darlehen fallen somit mit den Zinsbelastungen des Grundgeschäfts zusammen. Für den Zins ergibt sich:

$$n = 2 \qquad i = 5{,}00$$

$$i_2 = \sqrt[2]{1 + 5{,}00 / 100} - 1 = 0{,}02470 \mathrel{\hat=} 2{,}470\%$$

Mit Hilfe des ermittelten Zinssatzes kann nun die Prämie P in eine Annuität P_{n*T} umgerechnet werden. Hierzu können die Formeln der Rentenberechnung[129] eingesetzt werden. Die Einmalzahlung P wird in „$n*T$" Rentenzahlungen umgerechnet. Die Größe „$n*T$" ist die Anzahl der Zinsperioden. Es gilt:

$$P_{n*T} = \frac{i_n * (1 + i_n)^{n*T}}{(1 + i_n)^{n*T} - 1} * P$$

Der sich errechnende Betrag stellt die Mehrbelastung aus dem Cap je Zinsperiode dar. Die Zinsmehrbelastung Z_{n*T} pro Jahr berechnet sich wie folgt:

$$Z_{n*T} = (1 + P_{n*T} / B)^n - 1$$

[129] Vgl. z.B. Kobelt/Schulte (1995), S.113 ff. und S. 130 ff.

Beispiel 4.8.-6 Cap

Für die Daten des Beispiels ergibt sich:

$$P_{2*3} = \frac{0{,}02470 * (1 + 0{,}02470)^{2*3}}{(1 + 0{,}02470)^{2*3} - 1} * 42.000 = 7.617$$

Die halbjährlich zu entrichtende Prämie beträgt DM 7.617. Daraus resultiert eine Zinsmehrbelastung von:

$$Z_{2*3} = (1 + P_{2*3}/10.000.000)^2 - 1 = 0{,}00152 \triangleq 0{,}152\%$$

Für das Unternehmen X bedeutet dies in Abhängigkeit vom 6-Monats-LIBOR folgende Zinsbelastung:[130]

6-Monats-LIBOR	Marge der Bank	Gesamt ohne Cap	Prämie Cap	Gesamt mit Cap
3,000%	0,750%	3,750%	0,152%	3,902%
4,000%	0,750%	4,750%	0,152%	4,902%
5,000%	0,750%	5,750%	0,152%	5,902%
6,000%	0,750%	6,750%	0,152%	6,902%
6,152%	***0,750%***	***6,902%***	***0,152%***	***6,902%***
7,000%	0,750%	7,750%	0,152%	6,902%
8,000%	0,750%	8,750%	0,152%	6,902%

Tabelle 4.9. Vergleich mit / ohne Cap

Durch die Prämienzahlung liegt bei Zinssätzen bis zu 6,152% (=Zinsobergrenze + Prämie je Zinsperiode) die Belastung ohne Erwerb eines Caps niedriger. Bei höheren Zinssätzen bleibt der Aufwand des Cap-Käufers konstant; ohne Absicherung hingegen steigt die Zinsbelastung kontinuierlich an.

Die nachstehende Tabelle gibt einen Überblick über die Mehrbelastung für Caps auf Basis des 6-Monats-LIBOR mit einer Zinsobergrenze von 6% und Laufzeiten von 3, 5 und 10 Jahren; der Festzins i ist für die Finanzierung des Caps maßgeblich. Die zugrunde liegenden Cap-Prämien wurden Tabelle 4.7. entnommen.

[130] Da die Geldmarktzinsen (LIBOR) für unterjährige Laufzeiten ohne Zinseszinseffekt angeben werden, müßte die Zinsmehrbelastung mittels linearer Zinsrechnung ermittelt werden. In den Formeln wird hingegen mit exponentieller Zinsrechnung gearbeitet. Für die Praxis ergibt sich bei den vorkommenden kleinen Zinssätzen kein relevanter Unterschied zwischen den beiden Rechenverfahren, so daß die entwickelten Zinsformeln problemlos angewendet werden können.

Basis: 6-Monats-LIBOR				
Festzins Laufzeit .	**5,00%**	**6,00%**	**7,50%**	**10,00%**
3	0,152%	0,155%	0,159%	0,165%
5	0,541%	0,554%	0,575%	0,610%
10	1,095%	1,146%	1,225%	1,360%

Tabelle 4.10. Zinsmehrbelastung aus Cap-Finanzierung

Die Zinsmehrbelastung ist vom Cap-Käufer dem jeweils zu zahlenden Zinssatz aus der Kreditaufnahme hinzuzurechnen.

e. Einsatz

Während bindende Termingeschäfte eine Zinsfestschreibung nach oben und unten bedeuten, bietet der Cap die Möglichkeit, die Zinskosten über einen festzulegenden Zeitraum hinweg nur nach oben zu limitieren. Dadurch wird erreicht, daß die Belastung aus einer bereits bestehenden oder noch aufzunehmenden variabel verzinslichen Verbindlichkeit diese festgelegte Zinsobergrenze (Cap) während der Laufzeit nicht übersteigt. Mit Hilfe eines Caps kann sich ein Kreditnehmer gegen steigende Marktzinsen absichern, ohne daß er auf die Vorteile aus sinkenden variablen Zinssätzen verzichten muß. Caps bieten so den Vorteil, daß bei normalem bzw. steilem Verlauf der Zinsstrukturkurven die niedrigeren Geldmarktzinssätze gegen Zinssteigerungen geschützt werden können. Je niedriger die Geldmarktsätze im Vergleich zu den Kapitalmarktsätzen sind, desto größer wird der Zinsvorteil, den variable Finanzierungen mit Cap den Unternehmen im Vergleich zu Festsatzkrediten bieten können. In der Vergangenheit war eine Finanzierung über den Geldmarkt häufig günstiger als die Aufnahme von Krediten mit einer Zinsfestschreibung von 5 und mehr Jahren.

Erwartet der Unternehmer bei variabel verzinsten Kreditgeschäften steigende Zinsen, kann er das ZÄR durch die Umwandlung einer variablen Verpflichtung in eine Festsatzverbindlichkeit (Abschluß einer Swapvereinbarung) oder den Erwerb eines Cap begrenzen. Dabei hat jedes Instrument sein eigenes Gewinn-/Risikoprofil:

1. Der Cap bietet ihm die Möglichkeit, bei (entgegen den Erwartungen) sinkendem Basiszins seine Finanzierungskosten zu reduzieren. Andererseits muß er für sein Recht auf die Begrenzung der Zinsbelastung eine Prämie zahlen.

2. Beim Swap wird der Risikoentfall bei steigenden Zinsen durch den Wegfall der Ergebnisverbesserung bei fallenden Zinsen „bezahlt".

Wie die Entscheidung letztendlich ausfällt, hängt vom Ausmaß der erwarteten Zinssteigerung, der Risikobereitschaft und -fähigkeit[131] für das Unternehmen und den Absicherungskosten ab. Die Absicherungskosten bestehen aus der Optionsprämie beim Cap und beim Swap aus der Differenz zwischen (aktuellem) variablen Zinssatz im Vergleich zum Festsatz.

Bei niedrigen Geldmarktsätzen und steiler Zinsstrukturkurve ist die Cap-Lösung meist vorteilhafter als ein Festsatzkredit, aber ungünstiger als eine variable Verzinsung ohne Absicherung. Dagegen ist in Perioden mit hohen kurzfristigen Zinsen die variabel verzinsliche Mittelaufnahme ungünstiger und der Festkredit vorteilhafter als die Cap-Variante. Der Cap ist immer dann attraktiv, wenn die Möglichkeit eines stagnierenden oder rückläufigen Zinsniveaus nicht vollständig auszuschließen ist.

f. Auflösung

Ein gekaufter Cap muß nicht bis zum Ende der Laufzeit gehalten werden, sondern kann jederzeit zu Marktkonditionen verkauft werden. Die Kreditinstitute sind in der Regel bereit, von ihnen veräußerte Caps zurückzukaufen.

g. Varianten

Neben dem Plain Vanilla Cap existiert eine Reihe von Varianten, die eine Anpassung an die Situation und die Erwartungen des Hedgers erlauben. Gemeinsames Merkmal dieser Varianten ist, daß durch eine Einschränkung der Leistung die Cap-Prämie niedriger ausfällt. Die Zinsabsicherung ist bei diesen Varianten geringer als beim Plain Vanilla Cap. Es verbleibt ein höheres Risiko beim Hedger. Wichtige Spielarten sind:[132]

Barrier Cap: Neben der Zinsobergrenze ZO wird bei dieser Form eine zweite Schranke (Barrier) vereinbart, bei deren Erreichen, Über- oder Unterschreiten die in der Abbildung 4.13. dargestellten Konsequenzen eintreten. Der Vergleich zwischen Referenzzins und Barrier erfolgt für jede

[131] Riskofähigkeit liegt dann vor, wenn das Unternehmen das Risiko eines Zinsanstiegs ertragsmäßig problemlos tragen kann. Bei Unternehmen mit schwacher Eigenkapitalbasis und negativem Ergebnis kann in der Regel die Risikofähigkeit nicht angenommen werden.

[132] Vgl. zum folgenden: Flach/Sommer S. 16 ff.

Absicherungsperiode. Die in der Abbildung dargestellten Konsequenzen gelten für die jeweils betrachtete Periode. Allerdings kann auch vereinbart werden, daß die Wirkung für alle Folgeperioden eintritt.

Variante Höhe Barrier	*Referenzzins > Barrier*	*Referenzzins = Barrier*	*Referenzzins < Barrier*
up and out Barrier > ZO	keine Zahlung	keine Zahlung	wie Plain Vanilla
up and in Barrier > ZO	wie Plain Vanilla	wie Plain Vanilla	keine Zahlung
down and out Barrier < ZO	wie Plain Vanilla	keine Zahlung	keine Zahlung
down and in Barrier < ZO	keine Zahlung	wie Plain Vanilla	wie Plain Vanilla

Abbildung 4.13. Barrier Caps[133]

Step-up Cap: Bei dieser Cap-Variante wird die Zinsobergrenze von Periode zu Periode erhöht. Dadurch ist für die jeweilige Folgeperiode nur noch der Mehrpreis für die höhere Zinsobergrenze zu bezahlen. Nachteilig für den Cap-Käufer wirkt sich aus, daß gerade in den weiter in der Zukunft liegenden Perioden mit höherem Risiko die Absicherung schlechter ist.

Two-Strikes Cap (Changing-Strike-Cap): Für die gesamt Laufzeit werden zwei Zinsobergrenzen festgelegt. Überschreitet der Referenzzins nur die niedrigere der beiden Grenzen, so wird diese als Rechengrundlage für die Ausgleichszahlung herangezogen. Übersteigt der Referenzzins hingegen beide Grenzen, so dient die höhere Zinsobergrenze als Basis. Für den Cap-Käufer ergibt sich wiederum eine schlechtere Absicherung bei steigenden Zinsen; dagegen steht die Prämienersparnis.

Daneben existieren auch Vertragsgestaltungen, die den rückläufigen Absicherungsbedarf bei Tilgungsdarlehen berücksichtigen.

[133] Vgl. Flach/Sommer S. 16

4.3.1.2 Floor

a. Grundlegendes

Ein **Floor** ist das spiegelbildliche Gegenstück zu einem Cap. "Unter einem Floor ist eine Option zu verstehen, durch die die Mindestverzinsung einer Anlage gesichert werden kann. In der zugrundeliegenden Vereinbarung verpflichtet sich der Verkäufer des Floor (i.d.R. ein Kreditinstitut), dem Erwerber den Betrag zu zahlen, um den ein bestimmter, auch als Basisrate bezeichneter Referenzzinssatz (z. B. LIBOR oder FIBOR) zu bestimmten Zeitpunkten die vertraglich festgelegte Zinsuntergrenze (Floor-Rate) unterschreitet. Berechnungsgrundlage ist ein nomineller Kapitalbetrag. Üblicherweise werden die Differenzen alle drei oder sechs Monate festgestellt."[134]

Der Floor-Käufer hat mit der Prämienzahlung eine Versicherung gegen fallende Zinsen erworben und kann einen minimalen Zinsertrag festschreiben:[135] Ein Anleger kann sich eine Mindestverzinsung sichern, ohne die Möglichkeit aufzugeben, von steigenden Zinsen zu profitieren. Die Zinsuntergrenze wählt er dabei je nach Risikobereitschaft und -fähigkeit.
Der Floor-Verkäufer hingegen erwartet steigende Zinsen: Die vereinnahmte Optionsprämie bedeutet für ihn dann eine Verbesserung seines Zinsergebnisses.

b. Vertragsbestandteile

Vertragstyp	**Floor**
Laufzeit T	meist zwischen 2 und 10 Jahren
Nominalbetrag B	ab 1 Mio. DM, dient als als Grundlage für die Zinsberechnung
Referenzzins r	i.d.R. LIBOR oder FIBOR
Länge der Zinsperiode	i.d.R. 3 oder 6 Monate
Vergleichszeitpunkte (Roll-over-Termine)	meist Abschlußtag + 2 Bankarbeitstage zuzüglich n-mal der Zinsperiode bis zum Ende von T
Zinsuntergrenze $\bar{r}$	frei wählbar
Prämie P	nach Marktlage
Prämienzahlung	einmalig bei Abschluß oder jährlich nachschüssig

Abbildung 4.14. Vertragsbestandteile eines Floor

[134] Zahn (1991), S. 169.
[135] Vgl. Glogowski (1990), S. 372; Fitzgerald (1987), S. 197.

Die Floor-Vereinbarung umfaßt analog der Cap-Vereinbarung die obenstehnden Daten.

Die Prämienzahlung erfolgt zumeist bei Abschluß des Vertrages; es gibt jedoch auch die Möglichkeit, die Prämie verteilt über die Laufzeit des Floors zu leisten. Die Prämie vermindert den Zinsertrag des Käufer bezogen auf das - vom Floor unabhängige - Grundgeschäft.[136]

c. Konditionen und Quotierung

Am Markt werden Floors mit verschiedenen Zinsuntergrenzen und Laufzeiten angeboten. Die Zinsuntergrenzen orientieren sich am aktuellen Zinsniveau; die Laufzeiten liegen bei maximal 10 Jahren. Mit der Wahl der Floor-Höhe (=Zinsuntergrenze) drückt der Käufer seine Erwartungen über die Zinsentwicklung und die Intensität der gewünschten Absicherung aus. Die Laufzeit wird sich in der Regel an der Restlaufzeit des abzusichernden Basisgeschäfts orientieren. Nur bei sehr langfristigen Basisgeschäften könnte die Laufzeit des Floors auch nach der Einschätzung der zukünftigen Zinsentwicklung festgelegt werden: Die Laufzeit des Floor muß dann die erwartete Niedrigzinsphase abdecken.

Nachstehende Tabelle zeigt die Konditionen für Floors in einer Niedrigzinsphase, deren Ende allgemein erwartet wird. Die Konditionen spiegeln den gleichen Zeitpunkt wider, wie die oben angegebenen Cap-Prämien. Der 6-Monats-LIBOR betrug zu diesem Zeitpunkt 3,28125%.

Floor / Laufzeit	4,00%	4,50%	5,00%
2 Jahre	55 - 60	104 - 112	164 - 172
3 Jahre	69 - 79	134 - 146	215 - 227
4 Jahre	84 - 96	154 - 170	244 - 264
5 Jahre	92 - 107	166 - 184	263 - 283
7 Jahre	104 - 123	185 - 210	287 - 315
10 Jahre	116 - 144	200 - 244	313 - 367

Tabelle 4.11. Floor-Konditionen[137]
(Basis: 6-Monats-LIBOR)

Die Tabelle zeigt: Die Prämienhöhe ist von der Laufzeit (je länger desto höher die Prämie) und von der Zinsuntergrenze (je höher desto höher die Prämie) abhängig.

[136] Das Grundgeschäft ist in der Regel ein Kredit mit variabler Verzinsung.
[137] Für eine Laufzeit von 2 Jahren gab es bei den Floors im Gegensatz zu den Caps ein Angebot.

Die in der Tabelle angebotenen Preise sind in Basispunkten[138] notiert. Der erste Preis nennt den Ankauf-, der zweite Preis den Verkaufskurs der Bank. Die Spanne zwischen An- und Verkaufskurs entspricht dem Angebot einer Großbank an eine renommierte Industrieadresse. Unter Banken werden geringere Spannen (z.B. 5 Basispunkte bei einem Floor von 5% auf 2 Jahre anstelle von 8 Basispunkten im Angebot) gehandelt. Für mittelständische Unternehmen muß hingegen mit größeren Spannen, d.h. mit schlechteren Konditionen gerechnet werden. Teilweise werden auf die Interbankkurse bis zu 10 Basispunkte je auf den An- und den Verkaufskurs (insgesamt also 20 Basispunkte) aufgeschlagen.

d. Ablauf

Die Terminfindung für Valuta und Fixingtag ist identisch mit der Vorgehensweise bei Caps. Ebenso erfolgt die Berechnung der Kosten eines Floors analog dem Verfahren bei Caps.

e. Einsatz

Floors werden zumeist zur Absicherung von Anlagen eingesetzt. Die Vorgehensweise kann dem nachfolgenden Beispiel entnommen werden.

Beispiel 4.9. Absicherung einer Anlage mittels Floor

Das Unternehmen Y hat für 3 Jahre liquide Mittel in Höhe von 10 Mio. DM zur Verfügung. Am Kapitalmarkt könnte es einen Festsatz von 4,00% erzielen. Da für die Zukunft mit Zinssteigerungen gerechnet wird, entschließt man sich für eine Anlage am Geldmarkt. Das Angebot lautet auf den 6-Monats-LIBOR abzüglich 0,50%. Dies entspricht aktuell einer Verzinsung von ca. 3%. Zur Absicherung gegen einen unerwarteten Zinsrückgang erwirbt das Unternehmen einen Floor mit Basis 4,50% und Laufzeit 3 Jahre. Die Prämie hierfür beträgt 146 Basispunkte:

$$10 \text{ Mio. DM} * 1{,}46\% = \text{DM } 146.000.$$

Ab der zweiten Zinsperiode sichert sich damit das Unternehmen ein Mindestverzinsung von 4,5% - 0,50% (Spanne der Bank) - anteilige Prämie. Die Prämie soll wiederum über ein Annuitätendarlehen zu 5,00% Festzins finanziert werden. Es gilt:

$n = 2 \qquad i = 5{,}00$

[138] Ein Basispunkt entspricht 0,01%.

$$i_2 = \sqrt[2]{1 + 5{,}00 / 100} - 1 = 0{,}02470 \mathrel{\hat{=}} 2{,}470\%$$

und

$$P_{2*3} = \frac{0{,}02470 * (1 + 0{,}02470)^{2*3}}{(1 + 0{,}02470)^{2*3} - 1} * 146.000 = 26.478$$

Die halbjährlich zu entrichtende Prämie beträgt DM 26.478. Daraus resultiert eine Zinsminderung von:

$$Z_{2*3} = (1 + P_{2*3}/10.000.000)^2 - 1 = 0{,}00530 \mathrel{\hat{=}} 0{,}530\%$$

Dies bedeutet in Abhängigkeit vom 6-Monats-LIBOR folgenden Zinsertrag:

6-Monats-LIBOR	Marge der Bank	Gesamt ohne Floor	Prämie Floor	Gesamt mit Floor
1,500%	0,500%	1,000%	0,530%	3,470%
2,500%	0,500%	2,000%	0,530%	3,470%
3,500%	0,500%	3,000%	0,530%	3,470%
3,970%	***0,500%***	***3,470%***	***0,530%***	***3,470%***
4,500%	0,500%	4,000%	0,530%	3,470%
5,500%	0,500%	5,000%	0,530%	4,470%
6,500%	0,500%	6,000%	0,530%	5,470%

Tabelle. 4.12. Vergleich mit / ohne Floor

Durch die Prämienzahlung liegt bei Zinssätzen über 3,970% (=Zinsuntergrenze - Prämie je Zinsperiode) der Zinsertrag ohne Erwerb eines Floor höher. Bei niedrigeren Zinssätzen bleibt der Ertrag des Floor-Käufers konstant; ohne Absicherung hingegen fällt der Zinsertrag kontinuierlich ab. Es wird deutlich, daß der 6-Monats-LIBOR deutlich ansteigen muß, damit die Anlage zu variablen Konditionen mit Kauf eines Floors besser abschneidet als die Anlage zum Festzinsangebot.

Floors können allerdings auch von Kreditnehmern zur Verbesserung ihres Zinsergebnisses eingesetzt werden. Voraussetzung ist, daß kein oder nur ein moderater Zinsanstieg erwartet wird. Durch den Verkauf eines Floors wird ein Zusatzertrag erzielt, der die Zinsbelastung aus dem Kreditgeschäft vermindert. Dieser Vorgehensweise birgt zwei Nachteile:

1. Bei einem Zinsanstieg existiert keine Absicherung.[139]
2. Von einem Zinsrückgang profitiert der Floor-Verkäufer nur solange, wie der Vergleichszins über der Zinsuntergrenze liegt.

[139] Der Verkauf eines Floors mit gleichzeitiger Absicherung gegen steigende Zinsen (Kauf eines Caps) wird als Collar bezeichnet. Vgl. hierzu den nachfolgenden Abschnitt 4.3.1.3

Bei einer Seitwärtsbewegung der Zinsen ist der Verkauf eines Floors die optimale Strategie für den Kreditnehmer.

Beispiel 4.10. Einsatz Floor bei Kreditaufnahme

Das Unternehmen X nimmt am 03.04.97 (Valuta 05.04.97) einen Eurokredit über 10 Mio. DM mit Basis 6-Monats-LIBOR auf. Zum Abschluß kommt der aktuelle Zinssatz von 3,28125% zuzüglich 0,50% Marge für die Bank. Nachfolgend wird ohne Marge gerechnet, da diese keinen Einfluß auf das Ergebnis bzw. die Entscheidung hat.
Der Kredit soll über 3 Jahre laufen.
Aufgrund der bevorstehenden Euro-Einführung und des historisch niedrigen Zinsniveaus rechnet das Finanzmanagement mit leicht steigenden Zinsen. Die sonstigen Rahmendaten (z.B. die Arbeitlosenzahlen) sprechen jedoch eher für keinen oder einen moderaten Zinsanstieg.
Zur Verbesserung des Zinsergebnisses wird der Verkauf eines Floors mit Basis 4,00% erwogen. Damit könnte eine Prämieneinnahme von 69 Basispunkten (=0,69%) erzielt werden.
Zur Beurteilung dieser Strategie sollen 3 unterschiedliche Zinsszenarien betrachtet werden:

a. Seitwärtsbewegung der Zinsen;
b. Leichter Anstieg der Zinsen;
c. Starker Anstieg der Zinsen.

Im einzelnen wurde festgelegt:

Start Periode	*Szenario a % LIBOR*	*Szenario b % LIBOR*	*Szenario c % LIBOR*
05.10.97	3,28125	3,78125	4,28125
06.04.98	3,28125	4,28125	5,28125
05.10.98	3,28125	4,78125	6,28125
05.04.99	3,28125	5,28125	7,28125
05.10.99	3,28125	5,78125	8,28125

Tabelle 4.13. Zinsszenarien

Daraus leiten sich folgende Ausgleichsverpflichtungen ab:

Start Periode	*Szenario a* % DM	*Szenario b* % DM	*Szenario c* % DM
06.10.97	0,71875 -36337	0,21875 -11059	0 0
06.04.98	0,71875 -36337	0 0	0 0
05.10.98	0,71875 -36337	0 0	0 0
05.04.99	0,71875 -36537	0 0	0 0
05.10.99	0,71875 -36337	0 0	0 0

Tabelle 4.14. Ausgleichszahlungen Floor

Im Ergebnis zeigt sich, daß mit Ausnahme von Szenario 1 der Verkauf des Floors zu einer Reduzierung der Kreditkosten führt. Bereits bei Szenario 2 übersteigt die Prämieneinnahme von DM 69.000 die zu leistende Ausgleichszahlung von DM 11.059 deutlich.

Zu beachten ist, daß im Fall c die Zinsbelastung in den letzten Jahren deutlich ansteigt. Durch den Verkauf des Floor kann in diesem Fall keine Absicherung erfolgen; die Prämieneinnahme führt lediglich zu einer auf DM 69.000 begrenzten Minderung der Kreditkosten bei.

f. Auflösung

Ein gekaufter Floor muß nicht bis zum Ende der Laufzeit gehalten werden, sondern kann jederzeit zu Marktkonditionen verkauft werden. Die Kreditinstitute sind in der Regel bereit, von ihnen veräußerte Floors zurückzukaufen.

4.3.1.3 Collar

a. Grundlegendes

Durch die Kombination eines Caps und eines Floors entsteht ein **Collar**. Um die zu zahlende Prämie für eine gewünschte Zinsbegrenzung zumindest teilweise zu finanzieren, kann der Optionskäufer gleichzeitig eine entgegengerichtete Zinsbegrenzung verkaufen: Eine variable Zinszahlung wird nach oben und unten begrenzt wird. Werden gleichzeitig ein Cap gekauft und ein Floor verkauft, so kann der Käufer eines solchen Collars den variablen Zinssatz einer Verbindlichkeit auf eine bestimmte Bandbreite zwischen Untergrenze (Floor) und Obergrenze (Cap) limitieren. Der Kreditnehmer mit einer variabel verzinslichen Verbindlichkeit profitiert dadurch grundsätzlich aus Zinssenkungen, allerdings nur bis zu dem Zinssatz, ab dessen Unterschreiten er sich durch den Floor zur Ausgleichszahlung verpflichtet hat. Seiner durch die Zinssenkung billigeren Mittelaufnahme steht in gleicher Höhe die Ausgleichszahlung entgegen, welche er an den Floor-Käufer leisten muß. Gleichzeitig reduziert er jedoch durch die vereinnahmte Floor-Prämie die Kosten der Absicherung gegen Zinssteigerungen.

Entsprechend kann ein Anleger, der eine Mindestverzinsung durch den Kauf eines Floors fixiert, seine Prämienkosten wenigstens teilweise durch den Verkauf eines Caps finanzieren: Indem er als Cap-Verkäufer dem Cap-Käufer eine Zinsobergrenze garantiert, beschränkt er seine Gewinnchancen aus möglichen Zinssteigerungen auf diese Zinsobergrenze.

b. Konditionen und Quotierung

Die Konditionen und die Quotierung entsprechen den Gepflogenheiten bei Caps und Floors. Die Preise für Collars zeigt die nachstehende Tabelle beispielhaft aus der Sicht eines Kreditnehmers, der sich gegen steigende Zinsen absichern will. Der Collar-Preis für eine bestimmte Laufzeit- und Zinssatzkombination ergibt sich aus

- der Prämie für den Cap-Kauf und
- der erhaltenen Prämie für den Floor-Verkauf.

Collar Laufzeit	*Cap 6% Floor 4%*	*Cap 7% Floor 4%*	*Cap 6% Floor 5%*
3 Jahre	- 42 + 69 = +27	-20 + 69 = +49	-42 + 215 = +173
4 Jahre	-130 + 84 = -46	-76 + 84 = +8	-130 + 244 = +114
5 Jahre	-237 + 92 = -145	-122 + 92 = -30	-237 +263 = +26
7 Jahre	-484 +104 = -380	-314 + 104 = -210	-484 +287 = -197
10 Jahre	-856 + 116 = -740	-582 + 116 = -466	-856 + 313 = -543

Tabelle 4.15. Collar-Konditionen für ausgewählte Kombinationen

Die Tabelle 4.15. kann nur beispielhaft eine Teilmenge aus der Vielzahl von Kombinationsmöglichkeiten zwischen Calls und Floors darstellen. Neben einer Variation der Zinssätze ist auch die Wahl unterschiedlicher Laufzeiten möglich, wodurch sich die Kombinationsmöglichkeiten weiter erhöhen.

Die Tabelle zeigt deutlich, daß im kurzfristigen Bereich der Collar zu einer deutlichen Reduzierung der Finanzierungskosten führen kann. Es sind sogar zusätzliche Erträge (erhaltene Prämie aus dem Floor > bezahlte Prämie für den Cap) möglich. Im Bereich der langfristigen Laufzeiten kann der Verkauf eines Floors hingegen nur einen kleinen Teil des Prämienaufwands abdecken. Die Ursache liegt auch in der Erwartung der Marktteilnehmer auf langfristig steigende Zinsen begründet.

Werden die Zinsbegrenzungssätze einer Collar-Vereinbarung so festgelegt, daß sich die zu zahlende und die erhaltene Prämie gegenseitig aufheben, können die Kosten der Zinsabsicherung auf Null reduziert werden. Eine solche Kombination wird als Zero-Cost-Collar bezeichnet.[140]

d. Ablauf

Der Ablauf entspricht den Gepflogenheiten bei Cap und Floor.

e. Einsatz

Wie bereits ausgeführt, dient ein Collar vornehmlich der Kostenreduzierung. Die Einsatzmöglichkeiten korrespondieren daher mit den Möglichkeiten von Caps bzw. Floors. Die Zinschance wird in beiden Fällen durch das Gegengeschäft begrenzt.

[140] Vgl. Zugehör (1987), S. 558; Zahn (1991), S. 123; Fitzgerald (1987), S. 197; Hull (1993), S. 373-378; Dubofsky (1992), S. 641-644.

Graphisch stellt sich das Prinzip der Kombination außerbörslicher Zinsbegrenzungsverträge vereinfacht folgendermaßen dar:

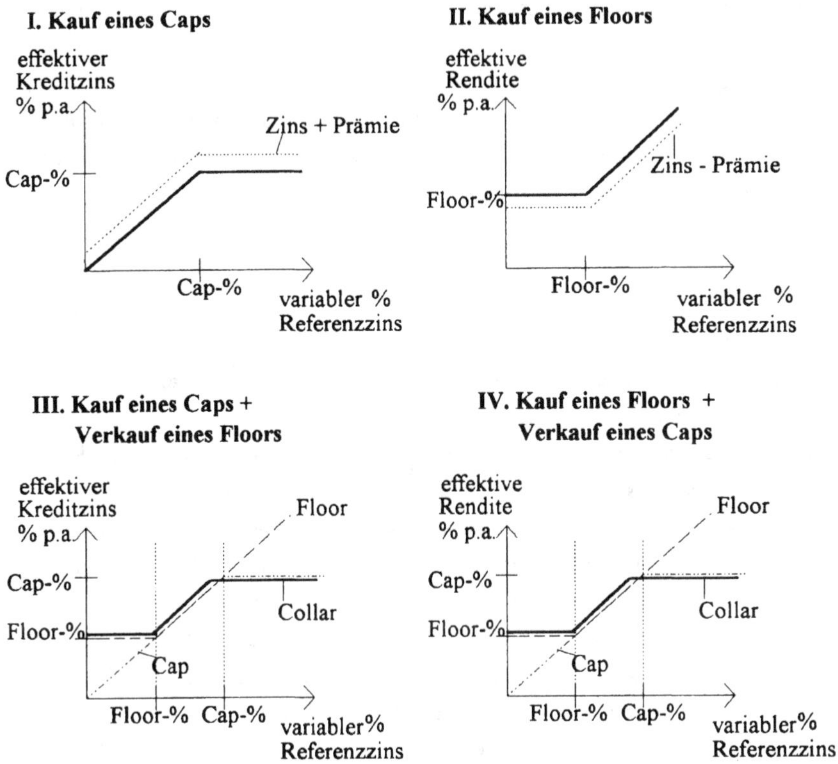

Abbildung 4.15: Kombination außerbörslicher Zinsbegrenzungsverträge: Collar

Die Wirkung eines Collars wird in der Abbildung 4.15. deutlich: Durch den Kauf des Cap mit gleichzeitigem Verkauf eines Floor und vice versa wird der variable Zinsbereich eingegrenzt.

Ohne Berücksichtigung eventueller Prämienüberschüsse oder -unterdeckungen begrenzen die vereinbarten Zinssätze den Zinsspielraum. Zu beachten bleibt allerdings, daß der dem variablen Grundgeschäft zugrundeliegende Zinssatz dem Referenzzinssatz von Cap und Floor entsprechen sollte. Andernfalls kann es zu geringfügigen Verschiebungen der Zinszahlungen aus Grund- und Absicherungsgeschäft kommen. Unerheblich bleibt, wenn dem Kredit der gleiche Zinssatz wie dem Cap und Floor zugrundeliegt und nur ein Aufschlag vom Kreditgeber[141] genommen wird. Dies führt lediglich zu einer Parallelverschiebung der Kurven aus Sicht des Kreditnehmers.

Beispiel 4.11. Kreditaufnahme mit Collar

Die Ausgangsdaten seien wie in Beispiel 4.8. gegeben. Die Zinsszenarien aus Tabelle 4.13. werden wiederum zur Beurteilung herangezogen. Es soll nun anstelle des Floors mit 4% ein Collar eingegangen werden. Folgende Kombination soll betrachtet werden:
Verkauf eines Floor zu 4% mit Laufzeit 3 Jahre;
Kauf eines Cap zu 6% mit Laufzeit 3 Jahre.

Aus Tabelle 4.15. ist ersichtlich, daß diese Kombination eine Einnahme von 27 Basispunkten oder DM 27.000 bringt.
Für die einzelnen Zinsszenarien aus Tabelle 4.13. ergeben sich folgende in Tabelle 4.16. dargestellten Ergebnisse:

Szenario a: Es sind die bereits in Tabelle 4.14. ausgewiesenen Zahlungen zu leisten. Einnahmen aus dem Cap sind nicht zu verzeichnen. Gegenüber der „reinen" Floor-Lösung ergibt sich ein zusätzlicher Aufwand in Höhe der Cap-Prämie von DM 42.000. Eine Kreditaufnahme ohne zusätzlichen Kauf oder Verkauf eines Derivats ist die beste Lösung für das Unternehmen.

Szenario b: Es sind die bereits in Tabelle 4.14. ausgewiesenen Zahlungen zu leisten. Einnahmen aus dem Cap sind nicht zu verzeichnen. Gegenüber der „reinen" Floor-Lösung ergibt sich ein zusätzlicher Aufwand in Höhe der Cap-Prämie von DM 42.000. Der Verkauf eines Floor ist in diesem Fall die beste Lösung.

Szenario c: In den letzten 3 Perioden erhält das Unternehmen eine Ausgleichszahlung. Der über 6% hinausgehende Zins wird vom Cap-Verkäufer erstattet: In der Summe erhält der Cap-Käufer nahezu DM 195.000 als Ausgleichszahlung. Im Fall des Szenarios c wäre also der Collar die beste Lösung: Die Floor-Prämie kann ohne Gegenleistung vereinnahmt werden und der Cap trägt zu einer deutliche Reduzierung der Kreditkosten bei.

---

[141] Bei Eurokrediten auf LIBOR- oder FIBOR-Basis nehmen die Banken eine Marge von 0,25-2,0%, je nach Größe des Kredits und Bonität des Kreditnehmers.

Start Periode	**Szenario a** **%** **DM**	**Szenario b** **%** **DM**	**Szenario c** **%** **DM**
06.10.97	0,71875	0,21875	0
	-36337	-11059	0
06.04.98	0,71875	0	0
	-36337	0	0
05.10.98	0,71875	0	0,28125
	-36337	0	+14219
05.04.99	0,71875	0	1,28125
	-36537	0	+65130
05.10.99	0,71875	0	2,28125
	-36337	0	+115330

Tabelle 4.16. Ausgleichszahlungen Collar

Das Beispiel zeigt: Die optimale Lösung für alle möglichen Fälle gibt es nicht. Eine Entscheidung muß sich an

- der Risikobereitschaft des Unternehmens und an
- der Einschätzung der Eintrittswahrscheinlichkeiten der einzelnen Szenarien

orientieren.

Der sicherheitsorientierte Entscheider wird sicher die Collar-Lösung bevorzugen. Der risikofreudige Entscheider wird keine Aktion (Szenario a wird als wahrscheinlich erachtet) oder den Verkauf des Floors (Szenario b wird als wahrscheinlich erachtet) wählen.

f. Auflösung

Bei einem Collar kann jeder Bestandteil einzeln neutralisiert werden, da zwei Verträge vorliegen. Hierfür gelten die bei Caps und Floors dargestellten Modalitäten. Es besteht auch die Möglichkeit, nur einen Bestandteil des Collars aufzulösen. In diesem Fall wird der zweite, noch bestehende Vertrag des Collar als „normaler" Cap bzw. Floor fortgeführt.

4.3.1.4 Swaptions

a. Grundlegendes

Swaptions sind Optionen auf Swaps und zählen ebenfalls zu den over-the-counter-Zinsoptionen. Mit einer Swaption (oder Swap-Option) erwirbt der Käufer

- das Recht, nicht aber die Pflicht,
- zu einem festgelegten Zeitpunkt (europäische Option) oder innerhalb einer definierten Zeitspanne (amerikanische Option)
- in einen hinsichtlich Referenzzins, Zinshöhe und Laufzeit genau spezifizierten Swap

einzutreten zu können.

Wie bei allen Optionen wird auch bei Swaptions zwischen der Kauf- und der Verkaufsposition unterschieden. Als Call-Swaption wird üblicherweise die Receiver-Swaption bezeichnet; der zugrunde liegende Swap berechtigt also zum Erhalt der Festzinsen. Die Put-Swaption ist demnach als Payer-Swaption ausgebildet; der Käufer der Put-Swaption erhält bei Ausübung die variablen Zinsen und muß die Festzinsen bezahlen.

b. Vertragsbestandteile

Üblicherweise werden bei Swaptions folgende Größen fixiert:

Typ	Payer- oder Receiver-Swaption
Nominalbetrag	ab 1 Mio. DM
Ausübungsmodalität	amerikanisch oder europäisch
Optionslaufzeit	1 Monat bis 3 Jahre
Swap-Laufzeit	1 bis 9 Jahre
Strike-Price	Festzinssatz
Referenzzinssatz	3- oder 6-Monats-LIBOR (FIBOR)
Roll-over-Termine	i.d.R. jährlich
Art der Erfüllung	Cash-settled oder Swap-settled
Optionsprämie	nach Marktlage

Abbildung 4.16. Vertragsbestandteile einer Swaption

c. Konditionen und Quotierung

Für das Optionsrecht, das entweder am Ende der Optionslaufzeit oder innerhalb einer bestimmten Frist wahrgenommen werden kann, zahlt der Erwerber dem Verkäufer (Stillhalter) eine Prämie.

Swaptions werden auf Basis des Swap-Festsatzes (Strike Price), des variablen Referenzzinses und in Abhängigkeit von der Laufzeit quotiert. Die Preise sind wie bei Caps und Floors in Basispunkten angegeben.

Die nachstehende Tabelle zeigt beispielhaft die Konditionen (Stand 03. April 1997) für Swaptions. Die zugehörigen Swap-Konditionen können der Tabelle 4.4. für Forward Zinsswaps entnommen werden.

Swaption / Options-Laufzeit	2-Jahres-Swap	3-Jahres-Swap	5-Jahres-Swap	9-Jahres-Swap
6 Monate	39 - 46	62 - 68	94 - 103	138 - 153
1 Jahre	65 - 72	93 - 101	137 - 150	189 - 204
2 Jahre	94 - 101	128 - 140	184 - 198	-
3 Jahre	108 - 122	144 - 160	204 - 219	-

Tabelle 4.17. Konditionen für Swaptions

Beispiel 4.12. Preisfindung Swaption

Eine Option auf einen Swap mit Start in einem Jahr und Laufzeit 3 Jahre kostet 101 Basispunkte. Für 10 Mio. DM entspricht dies einer Prämie von 101.000 DM. Der zugehörige Festzinssatz ist dem Forward-Swap in 1 Jahr für 3 Jahre zu entnehmen: 5,28%.[142] Dieser Prozentsatz ist bei Ausübung der Option an den Swap-Verkäufer (= Stillhalter aus der Swaption) zu bezahlen.

d.Ablauf

Zur Erfüllung des Optionsgeschäfts bestehen zwei Möglichkeiten

1. Swap-Settlement: Falls die Swaption ausgeübt wird, treten Erwerber und Stillhalter in einen Swap ein, dessen weiterer Ablauf dem eines Zinsswap entspricht.[143] Somit

[142] Die Konditionen der Forward-Zinsswaps sind in Tabelle 4.4. zu entnehmen.

[143] Vgl. Kapitel 4.1

kann der Erwerber einer Swaption bei für ihn negativer Zinsentwicklung in den Swap eintreten, wodurch er dann die vorteilhafteren Zinszahlungsströme gemäß den vereinbarten Swapkonditionen erhält.

2. Cash-Settlement: Der Verkäufer der Option (Stillhalter) erfüllt seine Verpflichtung in Form einer Differenzzahlung, deren Betrag sich aus dem Unterschied zwischen dem Festzinssatz und dem bei Ausübung der Option gültigen Referenzzinssatz ergibt. Dieser Ausgleichsbetrag wird auf den Zahltag abgezinst.[144]

Der zeitliche Ablauf einer Swaption mit Swap-Settlement ist in der folgenden Graphik skizziert.

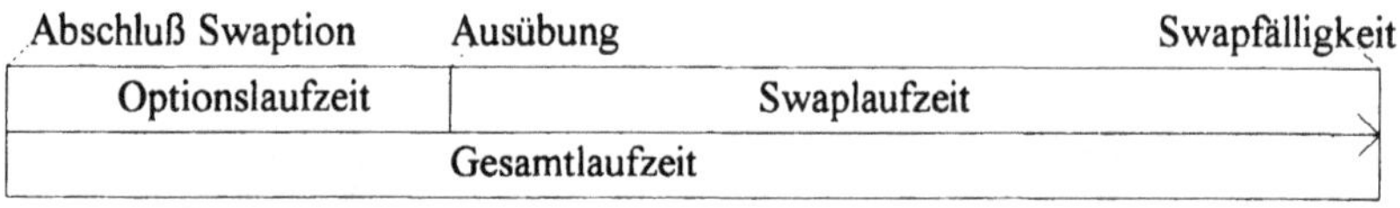

Abbildung 4.17. Schematischer Ablauf bei Swaptions

e. Einsatz

Swaptions eignen sich vor allem für Anleger und Kreditnehmer, bei denen die Anlage bzw. Kreditaufnahme unsicher bzw. deren Zeitpunkt ungewiß ist.

Eine Swaption ist z. B. vorteilhaft für einen Unternehmer, der in der Zukunft voraussichtlich Finanzierungsbedarf hat und steigende Zinsen erwartet. Durch den Kauf einer Payer-Swaption sichert er sich einen Festsatz zu den heute geltenden Swapkonditionen, ohne sich zu einem Swap zu verpflichten.

Umgekehrt besteht für einen Anleger, dessen zukünftiger Liquiditätseingang nicht sicher ist und der sinkende Zinsen erwartet, die Möglichkeit, sich mit Hilfe einer Receiver-Swaption einen Festsatz für die Zukunft zu sichern, ohne verpflichtet zu sein, in den Swap einzutreten.[145]

[144] Vgl. Bayerische Vereinsbank (1995), S. 68

[145] Vgl. Hull (1993), S. 372 f.; Zahn (1991), S. 285-287; Dubofsky (1992), S.656; Binkowski/Beeck (1991), S.36.

4 Die OTC-Instrumente 101

Kauf einer Payer-Swaption in Erwartung steigender Zinsen	
Marktteilnehmer und Motiv	***Wirkung***
Kreditnehmer, der entweder a. noch nicht sicher ist, ob in Zukunft die Liquidität (Kredit) auch wirklich benötigt wird, oder b. noch nicht sicher ist, wann die Liquidität erforderlich ist (Ziel: Zeitpunkt des Eintritts in den Zinsswap flexibel gestalten).	• Schaffung einer sicheren Kalkulationsgrundlage durch Fixieren der Zahlung des Festsatzes (Schutz vor Zinsanstieg) • bei Nicht-Ausübung Begrenzung des Schadens auf die Optionsprämie; Möglichkeit der Reduzierung des Verlusts durch Verkauf der Swaption • Ausnützen einer - entgegen den Erwartungen - günstigen Zinsentwicklung • die gezahlte (annualisierte) Prämie erhöht die Finanzierungskosten

Abbildung 4.18. Motive und Wirkung für den Kauf einer Payer-Swaption

Abbildung 4.18. Motive und Wirkung für den Kauf einer Payer-Swaption

Kauf einer Receiver-Swaption in Erwartung sinkender Zinsen	
Marktteilnehmer und Motiv	***Wirkung***
Kapitalanleger, der entweder a. noch nicht sicher ist, ob in Zukunft die Mittelanlage auch wirklich erfolgt, oder b. noch nicht sicher ist, wann die Mittelanlage durchgeführt wird.	• Schaffung einer sicheren Kalkulationsgrundlage hinsichtlich der Anlageerträge durch Fixieren des erhaltenen Festsatzes (Schutz vor Zinsrückgang) • bei Nicht-Ausübung Begrenzung des Schadens auf die Optionsprämie; Möglichkeit der Reduzierung des Verlusts durch Verkauf der Swaption • Ausnützen einer - entgegen den Erwartungen - günstigen Zinsentwicklung • die gezahlte (annualisierte) Prämie vermindert die Finanzierungserträge

Abbildung 4.19. Motive und Wirkung für den Kauf einer Receiver-Swaption

Abbildung 4.19. Motive und Wirkung für den Kauf einer Receiver-Swaption

f. Auflösung

Kommt das Grundgeschäft nicht zustande oder entwickelt sich das Zinsniveau günstig, kann der Käufer die Option zu den dann marktüblichen Konditionen verkaufen oder verfallen lassen.

Kommt es zur Ausübung der Option und treten die Vertragsparteien in einen Zinsswap ein, so kann dieser entsprechend der Verfahrensweise bei der Auflösung von Zinsswaps neutralisiert werden.[146]

4.3.1.3 OTC-Bondoptionen

Direkte Optionen auf festverzinsliche Wertpapiere in DM werden im wesentlichen nur außerbörslich als OTC-Optionen unter Kreditinstituten und institutionellen Anlegern gehandelt. Der Optionsschreiber (Verkäufer) übernimmt gegen den Erhalt einer Optionsprämie die Verpflichtung zur Andienung oder Abnahme des betreffenden Zinstitels.[147] Wie bei allen OTC-Produkten können die Kontraktspezifikationen frei ausgehandelt werden. Zu beachten ist, daß i.d.R. ein Mindestvolumen von 5 Mio. DM verlangt wird.

Rechnet ein Anleger mit Zinssteigerungen, kann er den Kurswert seiner bestehenden festverzinslichen Aktivpositionen absichern, indem er entsprechende Verkaufsoptionen kauft. Falls die Markterwartung nicht eintritt, wird er die Optionen nicht ausüben, da er dann die Papiere zum höheren aktuellen Kurs verkaufen kann. Rechnet er mit fallenden oder nur sehr leicht steigenden Zinsen, kann er bei entsprechender Risikobereitschaft durch die erhaltene Prämie aus dem Verkauf einer Put-Option seine Rendite verbessern.

Werden Preissteigerungen aufgrund eines Zinsrückgangs erwartet und wird beabsichtigt, zu einem späteren Zeitpunkt festverzinsliche Wertpapiere zu kaufen, kann durch den Kauf einer Kaufoption das gegenwärtige Kursniveau der Papiere festgeschrieben werden, ohne auf die Möglichkeit zu verzichten, bei fallenden Kursen die Wertpapiere günstiger zu kaufen. Werden hingegen in derselben Situation sinkende

[146] Vgl. Kapitel 4.1.1

[147] Vgl. Köpf/Ohmayer (1992), S. 328.

oder nur leicht steigende Zinsen erwartet, kann bei etwas größerer Risikobereitschaft eine Put-Option verkauft werden.[148]

Da die Vertragsspezifikationen frei aushandelbar sind und somit auf die speziellen Bedürfnisse der Unternehmer zugeschnitten werden können, bieten OTC-Bondoptionen den Unternehmern die Möglichkeit, ihre individuellen Einschätzungen bezüglich der Preisentwicklung des zugrundeliegenden Zinstitels zum Ausdruck zu bringen und das gesamte Laufzeitspektrum für festverzinsliche Wertpapiere in Anspruch zu nehmen. Dies setzt jedoch ein größeres Anlage- bzw. Kreditvolumen voraus.

Ein weiterer Nachteil aller Optionen ist es, daß diese neben dem inneren Wert auch einen Zeitwert beinhalten. Während der innere Wert den Preis einer Option bei sofortiger Ausübung darstellt, beruht der Zeitwert auf der spekulativen Erwartung einer zukünftig für den Wert der Option günstigen Entwicklung auf den Märkten. Er ist auch die Wahlfreiheit der Ausübung „zu bezahlen“: Im Gegensatz zum Termingeschäft kann eine günstige Entwicklung genutzt werden!Der Zeitwert ist v.a. von folgenden Faktoren abhängig: Volatilität (Schwankungsintensität des Preises) des Basisinstruments, Restlaufzeit, Zinsniveau, Erwartung über zukünftige Kurse (Preise). Der Zeitwert sinkt zwangsweise mit dem Zeitablauf und tendiert gegen Ende der Optionsfrist gegen Null.

Der sinkende Zeitwert bedeutet bei einer Absicherung mittels OTC-Optionen ein Verlustpotential, das durch Zeitablauf zwangsläufig realisiert wird. Ein weiteres Problem des Einsatzes von OTC-Optionen zur Absicherung von Krediten ist auch, daß sich diese Optionen i.d.R. auf Zinsinstrumente wie Anleihen der öffentlichen Hand beziehen. Deren Kurse und Renditen korrelieren aber nur mittelbar mit den Kreditkonditionen für Unternehmen. Die Wertentwicklung der Optionen folgt damit nur bedingt dem Absicherungsbedarf einer kreditnehmenden Unternehmung.

---

[148] Vgl. Citibank AG (1992), S. 36-38; Köpf/Ohmayer (1992), S. 327 f.; Bayerische Vereinsbank AG (1993), S. 96-101.

5 Börsengehandelte Instrumente

5.1 Zinsfutures

Ein Zinsfuture, auch Zinsterminkontrakt oder Interest Rate Future, ist die rechtsverbindliche, übertragbare Verpflichtung einen Zinstitel bestimmter Qualität und Quantität zu einem im voraus festgelegten (und börsenmäßig zustande gekommenen) Preis an einem künftigen, standardisierten Termin unter Beachtung der an der jeweiligen Börse geltenden Börsenbedingungen zu kaufen oder zu verkaufen.

Die Verpflichtung, den Kontraktgegenstand zu kaufen, liegt beim Käufer des Zinsfutures, der eine sogenannte Long-Position hält. Im Gegenzug wird die Verpflichtung, das Finanzinstrument zu verkaufen bzw. zu liefern vom Verkäufer des Zinsterminkontraktes übernommen: Er geht dabei eine Short-Position ein.[149] "Bei dem zugrundeliegenden Zinstitel kann es sich um ein effektives Geld- oder Kapitalmarktpapier (z. B. Treasury Bill, Treasury Bond), um eine Einlage (z.B. Dreimonats-Eurodollar) oder um eine synthetische Konstruktion (z.B. fiktive Bundesanleihe) handeln."[150]

Wegen der Standardisierung braucht bei Vertragsabschluß lediglich der Kontraktgegenstand festgelegt, der Preis nach Angebot und Nachfrage ausgehandelt, eine Einschußzahlung (initial margin[151]) als Sicherheit geleistet, die Kontraktanzahl bestimmt und einer der standardisierten Termine ausgewählt werden. Der Handel mit Futures unterliegt strengen Regeln und Usancen.

"Futures bieten ein Mittel, das Risiko unerwarteter Preisänderungen zu hedgen (abzusichern), weil sie den Kauf/Verkauf eines Wertpapiers zu einem künftigen Zeitpunkt zu einem bereits heute festgelegten Kurs erlauben".[152] Die Grundfunktion von Zinsfutures beruht auf der Tatsache, daß der Handel mit Zinsterminkontrakten ständig auf die Entwicklung der Kurse am Kassamarkt reagiert und damit ebenso einer ständigen Kursentwicklung in Abhängigkeit von der Marktrendite unterliegt. Für den Kassamarkt gilt:
Um die Rendite eines Zinspapiers der Marktrendite anzugleichen, führen steigende Marktrenditen zu fallenden Kursen von Zinsinstrumenten bzw. sinkende Marktrenditen

[149] Vgl. Hull (1993), S. 3 f.; Burger (1989), S. 69.
[150] Zahn (1991), S. 345f.
[151] siehe Gliederungspunkt 5.3.1.2
[152] Eilenberger (1993), S. 124.

zu steigenden Kursen. Die Kurse der aus den Zinsinstrumenten abgeleiteten Zinsfutures reagieren auf diese Veränderungen

Aufgrund des Zusammenhanges zwischen Marktrendite und Futurespreis erlauben Zinsfutures, effektiv gewünschte Zinssätze im voraus zu sichern. Durch den Aufbau einer zur offenen Position entgegengesetzten Futureposition kann der Hedger diese absichern. Fällt dann der Wert der Kassaposition, so steigt der Wert der Futureposition und umgekehrt. Gewinnen aus der einen stehen Verluste aus der anderen Position gegenüber.

Außer der Möglichkeit zur Absicherung von ZÄR bieten Zinsfutures die Möglichkeit, Kurs- bzw. Zinserwartungen in profitable Strategien umzusetzen, ohne das zugrundeliegende Wertpapier tatsächlich kaufen bzw. verkaufen zu müssen. In diesen Fällen liegen spekulative Motive vor. Die Marktteilnehmer werden sich wie folgt verhalten:
In Erwartung steigender Zinsen, also fallender Kurse, werden risikofreudige Investoren Zinsfutures verkaufen. Dabei erfolgt der Verkauf zum gegenwärtigen Futurepreis, dagegen erfolgt der Kauf einer entsprechenden Anzahl gleichartiger Zinsfutures zur Glattstellung zu einem späteren Zeitpunkt mit einem erwartungsgemäß niedrigeren Preis. Umgekehrt werden in Erwartung fallender Zinsen Zinsfutures gekauft. Falls die Zinsen tatsächlich fallen, können die Terminkontrakte zu einem höheren Kurs wieder verkauft werden. Entsprechende Verluste entstehen jedoch, falls die Erwartung nicht eintrifft.[153]

Futures sind eng mit den oben besprochenen Forwards „verwandt". Es gibt allerdings wesentliche Unterschiede. Die nachstehende Abbildung 5.1. bietet einen Vergleich zwischen Forward- und Futures-Markt.[154]

[153] Vgl. Deutsche Terminbörse GmbH (1990), S. 6.
[154] Vgl. Deutsche Termin Börse GmbH (1990), S. 11.

	Forward	Futures
Handel	nicht börslich organisiert	an einer Börse zentralisiert
Größe und Gegenstand des Kontraktes	individuell, nach den Bedürfnissen des Kunden festgelegt	standardisiert
Zeitpunkt der Erfüllung	individuell, nach den Bedürfnissen des Kunden festgelegt	standardisiert
Effektive Erfüllung	beabsichtigt	nur 2 - 5 % werden erfüllt, Verpflichtung kann durch ein Gegengeschäft ausgeglichen werden
Sicherheitsleistungen	individuell ausgehandelt	standardisiert
Erfüllungsrisiko	tragen Käufer und Verkäufer gleichermaßen	übernimmt die Clearingstelle
Geldfluß	bei Lieferung	täglicher Gewinn-Verlustausgleich
Liquidität	niedrig, da aufgrund individueller Absprachen schwer übertragbar	hoch, da aufgrund der Standardisierung leicht übertragbar

Abbildung 5.1. Vergleich zwischen Forward- und Futuresmarkt

International gibt es eine Vielzahl von Zinsfutures, die weltweit an den verschiedenen Börsen gehandelt werden.

Abbildung 5.3 gibt einen Überblick über wichtige, international gehandelte Zinsfutures[155]. Dabei wurden folgende Börsen berücksichtigt:

Abkürzung	*Börse*
CME	Chicago Mercantile Exchange
CBOT	Chicago Board of Trade
DTB	Deutsche Terminbörse
LIFFE	London International Financial Futures Exchange
MATIF	Marché à Terme des Instruments Financiers de Paris
IMM	International Monetary Market (Chicago)
SOFFEX	Swiss Options and Financial Futures Exchange

Abbildung 5.2. Wichtige Futures-Börsen

[155] Aufgrund der tabellarischen Darstellung mußten die Angaben verkürzt wiedergegeben werden. Zu den DTB-Produkten siehe Punkt 5.3.2.

Kontrakt	*Handelseinheit*	*Kontraktwert*	*Notierung*	*Tick-Größe/-Wert*	*Börse*
BUND-Future	synthetische 6%-Bundesanleihe mit Restlaufzeit von 8,5-10 Jahren	DM 250.000	in % vom Nennwert	0,01% = DM 25	DTB LIFFE
BOBL-Future	synthetische 6%-Bundesanleihe mit Restlaufzeit von 3,5-5 Jahren	DM 250.000	in % vom Nennwert	0,01% = DM 25	DTB
SCHATZ-Future	synthetische 6%-Bundesanleihe mit Restlaufzeit von 1,75-2,25 Jahren	DM 250.000	in % vom Nennwert	0,01% = DM 25	DTB
1Lib-Future	Zinssatz für 1-Monats-Eurogeld in DM (LIBOR)	DM 3 Mio.	100 - Zinssatz	0,01% = DM 25	DTB
3Lib-Future	Zinssatz für 3-Monats-Eurogeld in DM (LIBOR)	DM 1 Mio.	100 - Zinssatz	0,01% = DM 25	DTB
Euro-3-Mt.-DM-Future	Zinssatz für 3-Monats-Eurogeld in DM (LIBOR)	DM 1 Mio.	100 - Zinssatz	0,01% = DM 25	LIFFE IMM MATIF
Eurodollar-Future	Zinssatz für 3-Monats-Eurogeld in US-$ (LIBOR)	US-$ 1 Mio.	100 - Zinssatz	0,01% = US-$ 25	CME
US-T-Bond-Future	synthetischer 8%-Treasury Bond mit einer Restlaufzeit von 15 Jahren	US-$ 100.000	in % vom Nennwert	1/32 = US-$ 31,25	CBOT
US-T-Note-Future	synthetische 8%-Treasury Note mit einer Restlaufzeit von 6,5-10 Jahren	US-$ 100.000	in % vom Nennwert	1/32 = US-$ 31,25	CBOT
5-Year-T-Note-Future	synthetische 8%-Treasury Note, lieferbar in Treasury Notes mit einer Originallaufzeit von 4,25-5,25 Jahren	US-$ 100.000	in % vom Nennwert	1/64 = US-$ 15,625	CBOT
T-Bill-Future	US-Schatzwechsel mit 90 Tagen Laufzeit (Treasury Bill)	US-$ 1 Mio.	100 - T-Bill-Rendite	0,01% = US-$ 25	CME IMM
Future auf langfr. Anleihe der CH	synthetische 6%-Obligation der Schweiz mit einer Laufzeit von 5 Jahren	SFr 100.000	Index in Punkten	0,01% = SFr 25	SOFFEX

Abbildung 5.3. Kontraktspezifikationen umsatzstarker Zinsfutures

5.2 Börsengehandelte Zinsoptionen

Börsengehandelte Zinsoptionen sind bedingte börsenmäßige Wertpapiertermingeschäfte auf zugrundegelegte Zinstitel, bei denen der Optionserwerber - im Gegensatz zum unbedingten Termingeschäft - ein Eintrittsrecht hat. Zinsoptionskontrakte bieten dem Erwerber somit Schutz vor gegenläufigen Marktbewegungen, ohne Gewinnchancen aus günstigen Zinsschwankungen zu beschränken. An allen international ausgerichteten Terminbörsen werden Zinsoptionen in Form standardisierter Kontrakte gehandelt. Aufgrund der Unterlegung der Zinsoption mit einem Kassawert oder Futures-Kontrakt wird genau festgelegt, was bei Ausübung der Option zu welchem Satz bzw. welcher Rendite bezogen bzw. angedient werden kann. Wie bei Zinsfutures erfolgt die effektive Lieferung des Basiswertes relativ selten.

Die Wahl der zugrundeliegenden Kassa- bzw. Zinsfuturesposition hängt von der Art und Fristigkeit des abzusichernden Zinsänderungsrisikos ab. Grundsätzlich wird zum einen zwischen Optionen auf kurz-, mittel- und langfristige Zinstitel unterschieden und zum anderen zwischen Kassa-Optionen und Futures-Optionen.

Mit kassageschäftsbezogene Optionen hat der Erwerber das Recht, einen Kassawert zu einem festgelegten Basispreis zu kaufen (Long Call) oder zu verkaufen (Long Put) und kann vom Optionsverkäufer innerhalb von 14 Kalendertagen die Durchführung des zugrundeliegenden Kassageschäftes mit einem zinstragenden Gegenstand beanspruchen.[156]

Die meisten der Optionen auf kurzfristige Zinstitel sind **Futures-Optionen**, d.h. Optionen, deren Basiswert ein Zinstermingeschäft ist. Mit einer Futures-Option erwirbt der Optionskäufer gegen Zahlung einer Optionsprämie das Recht, nicht aber die Verpflichtung, eine entsprechende Future-Position während eines bestimmten Zeitraums oder zu einem bestimmten Endfälligkeitstermin zu einem im voraus festgelegten Preis zu kaufen (Call) oder zu verkaufen (Put). Im Gegenzug übernimmt der Verkäufer für die erhaltene Prämie die Verpflichtung, einen Future bereitzustellen oder zu übernehmen. Der Optionskäufer hat die Möglichkeiten,

- die Zinsfutures-Option unausgeübt verfallen zu lassen, falls die Zinsentwicklung entgegen seinen Erwartungen günstig verlaufen ist, oder

[156] Vgl. Beilner/Schoess (1991), S. 374.

- die Option vor ihrem Auslauftermin durch ein kongruentes Gegengeschäft zum aktuellen Optionspreis glattzustellen (bzw. zu schließen, zu verkaufen) oder
- die Option auszuüben.

Der Vorteil gegenüber dem direkten Erwerb eines Zinsfutures-Kontraktes liegt darin, daß der Erwerber einer Zinsfutures-Option während der Optionslaufzeit zu keinem Zeitpunkt zum Kauf oder zum Verkauf von bestimmten Zinstiteln verpflichtet ist.[157]

Um den entstandenen Gewinn einer erworbenen Option zu realisieren, muß eine profitable Option entweder verkauft oder ausgeübt werden. Indem der Optionskäufer seine Kaufposition mit dem Verkauf eines entsprechenden Kontraktes "ausgleicht", d.h. glattstellt, erspart er sich die bei Optionsausübung erheblich höheren Transaktionskosten. Zudem vereinnahmt er neben dem inneren Wert[158] den Zeitwert[159], der ihm bei Optionsausübung verlorenginge. Als Kontraktpartner ist dabei immer das Clearinghouse der Börse zwischengeschaltet. Falls eine Kaufoption ausgeübt wird, kann der Optionskäufer Zinsfutures kaufen (er erhält eine Long-Position in Futures), während der Verkäufer verpflichtet ist, entsprechende Zinsfutures zum vereinbarten Basispreis zu liefern (er übernimmt die entsprechende Short-Position in Futures). Analog kann der Erwerber bei Ausübung einer Verkaufsoption Zinsfutures zum vereinbarten Preis verkaufen (er erhält eine Short-Position in Futures), wodurch der Optionsverkäufer zur Übernahme der entsprechenden Long-Position verpflichtet ist.

Die Zinsfutures-Positionen werden bei Optionsausübung zum aktuellen Futurespreis eröffnet. Falls jedoch der Basispreis bei Optionsausübung nicht dem aktuellen Futurespreis entspricht, muß der Optionsverkäufer dem Käufer den Unterschiedsbetrag erstatten. Wenn also eine Call-Option ausgeübt wird zahlt der Call-Verkäufer den aktuellen Futurespreis abzüglich den Basispreis. Hingegen muß der Put-Verkäufer dem Put-Käufer den Basispreis abzüglich den aktuellen Futurespreis vergüten. Dabei werden die Zahlungsströme auf den Marginkonten verbucht. Danach können die Futurespositionen entweder sofort geschlossen werden oder sie werden bis zu einem späteren Zeitpunkt aufrechterhalten.

---

[157] Vgl. Fitzgerald (1987), S. 20; Brady (1992), S. 5; Wörner (1988), S. 49 f.; Bartsch (1987), S. 59;

[158] Innerer Wert einer Kaufoption = Marktpreis des Zinstitels - Basispreis, (wobei der Marktpreis über dem Basispreis liegt); innerer Wert einer Verkaufsoption = Basispreis - Marktpreis des Zinstitels, (wobei der Basispreis über dem Marktpreis liegt).

[159] Zeitwert = Marktpreis einer Option - inneren Wert = Wertanteil einer Option, der aufgrund einer erwarteten profitablen Ausübung gezahlt wird.

Falls bis zum Verfalltermin die Zinsfutures-Position nicht durch ein gegenläufiges Geschäft glattgestellt wurde, muß der zugrundeliegende Zinstitel zum vereinbarten Futurespreis angedient (Short-Future) bzw. übernommen (Long-Future) werden. Im Gegensatz zu Kassa-Optionen wird bei Optionsausübung nicht der gesamte Basispreis gezahlt, sondern nur der Differenzbetrag zwischen dem Basispreis der Option und dem aktuellen Futurespreis.[160]

[160] Vgl. Beilner/Schoess (1991), S. 374; Pitts/Fabozzi (1990), S. 29 - 32; Fitzgerald (1987) S. 21; Büschgen (1988), S. 132.

5.3 Möglichkeiten an der Deutschen Terminbörse DTB

In Deutschland ist seit dem 26.01.1990 der börsliche Terminhandel an der DTB Deutsche Terminbörse GmbH, Frankfurt am Main möglich. Die DTB arbeitet auf der Grundlage des Börsengesetzes und ist ein vollcomputerisiertes Börsen- und Clearingsystem, das von führenden deutschen Banken getragen wird.[161]

An der DTB werden sowohl Zinsfutures als auch Optionen auf Zinsfutures gehandelt. Die zugrundeliegenden Zinsinstrumente sind im mittel- und langfristigen Bereich Anleihen der öffentlichen Hand; im kurzfristigen Bereich dient meist der LIBOR als Basis.

Anders als bei den OTC-Instrumenten ist der Handel an der DTB stark reglementiert. Deshalb wird der Darstellung der DTB-Instrumente eine Abhandlung über die wichtigsten Regeln der DTB vorangestellt.

5.3.1 Handel, Regeln und Usancen

In diesem Abschnitt werden die wichtigsten Besonderheiten im Handel sowie in den Regeln und Usancen an der DTB dargestellt.

5.3.1.1 Handels- und Clearingsystem der DTB

Die DTB verfügt wie jede Terminbörse über zwei Funktionsbereiche:

- Die Handelsfunktion, welche im organisierten Zusammenführen von Angebot und Nachfrage besteht, und
- die Clearingfunktion, die die zentrale Abwicklung, Andienung, Sicherheitenverwaltung sowie die Verrechnung umfaßt.

Die Abwicklungszentrale der Clearingstelle (Clearinghouse) stellt die Fungibilität sicher und wirkt so als Drehscheibe zwischen den Akteuren. Sie ist bei jedem Kauf und jedem Verkauf als Selbstkontrahent zwischengeschaltet. Weil die Clearingstelle stets Kontrahent ist, kann eine bestehende Verpflichtung jederzeit durch eine entsprechende Gegenposition aufgehoben werden. Zudem garantiert die Clearingstelle beiden

[161] Vgl. Kneidel (1989), S. 27.

Geschäftspartnern die Vertragserfüllung. Da die Teilnahme am Clearing nur aufgrund einer Clearinglizenz und -mitgliedschaft möglich ist, sind Unternehmen als Nicht-Clearingmitglieder nicht zu direkten Transaktionen mit der Clearingstelle zugelassen. Die Abwicklung von Transaktionen muß über Clearingmitglieder erfolgen. Somit besteht nur noch eine Vertragsbeziehung zwischen der Clearingstelle und dem Clearingmitglied der Käufer- bzw. Verkäuferseite.[162] "Die Clearingmitglieder sind gegenüber der DTB für die Einhaltung aller Verpflichtungen aus den Kontrakten verantwortlich. Die vertraglichen Beziehungen zwischen den Clearingmitgliedern und ihren Kunden stellen ein davon unabhängiges Rechtsverhältnis dar, das nach Maßgabe der "Sonderbedingungen für Börsentermingeschäfte" ausgestaltet ist."[163]

Nicht termingeschäftsfähige Privatpersonen können nach § 53 Abs. 2 Satz 2 Börsengesetz Börsentermingeschäfte nur abschließen, wenn sie eine Risikoerklärung ("Wichtige Information über die Verlustrisiken bei Börsentermingeschäften") zur Kenntnis genommen und unterzeichnet haben. Darin bestätigt der Kunde, daß er insbesondere die hohen Verlustrisiken aus Börsentermingeschäften und deren Ursachen kennt und bereit ist, diese gegebenenfalls zu tragen.

5.3.1.2 Funktionsweise von Margins

Um das Erfüllungsrisiko zu begrenzen und um das mit Terminkontrakten verbundene Preisänderungsrisiko abzudecken, sichert sich die Börse bzw. das von ihr beauftragte Clearinghouse durch Einforderung von Einschüssen (margins), die auf Basis der Kursentwicklung errechnet werden, gegen mangelnde Solvenz der Kunden ab. Die Sicherheitsleistungen werden von den Börsenteilnehmern (i.d.R. Banken) hinterlegt, die wiederum verpflichtet sind, von ihren Kunden Margen in mindestens gleicher Höhe einzufordern. Für den Kunden bedeutet dies einen Liquiditätsverlust und damit unter Umständen einen Zinsaufwand.

Die von den Banken verlangten Sicherheiten übersteigen oftmals die von der DTB geforderten Einschüsse. Bei den Verhandlungen sind daher Grundkenntnisse über die Funktionsweise des Marginsystems der DTB sehr nützlich.

---

[162] Vgl. Dresdner Bank AG (1993), S. 22, 24-29; Dresdner Bank AG (1989), S. 16; Hull (1993), S. 26; Pitts/Fabozzi (1990), S. 27.

[163] Dresdner Bank AG (1993), S. 22. Die Sonderbedingungen regeln das Vertragsverhältnis zwischen dem Kunden und der ausführenden Bank.

Bei Zinsfutures verlangt die DTB zunächst eine Additional Margin.[164] Diese dient dazu, den möglichen Verlust bis zum nächsten Börsentag abzusichern (potentielle Glattstellungskosten innerhalb von 24 Stunden). Dabei wird die ungünstigste mögliche Entwicklung (worst case loss) unterstellt.

Da sich der Wert der offenen Terminpositionen bei der börsentäglichen Verrechnung der Gewinne und Verluste ändert, fordert das Clearinghouse zusätzlich Nachschüsse (margin call), wenn der ursprüngliche Einschuß (initial margin) als Sicherheit nicht mehr ausreichen sollte. Andererseits schreibt sie dem Kunden jene Gewinne gut, die nicht als Sicherheit einbehalten werden müssen. Zur Berechnung dieser "Variation Margin" werden die einzelnen Positionen mit ihrem täglichen Schlußkurs (Settlement-Preis) bewertet (Mark-to-market-Methode). Durch diesen täglichen Gewinn- und Verlustausgleich wird die Akkumulation von Verlusten vermindert.[165]

Für die Zinsfutures der DTB gelten derzeit[166] folgende Additional Margins:

Produkt	*Additional Margin*
BUND-Future	1,4 Punkte = DM 3.500
BOBL-Future	1,0 Punkte = DM 2.500
SCHATZ-Future	0,9 Punkte = DM 2.250
1-Monats-LIBOR-Future	0,25 Punkte = DM 625
3-Monats-LIBOR-Future	0,26 Punkte = DM 650

Tabelle 5.1 Margin-Sätze für DTB-Futures[167]

Falls der Marktteilnehmer mehrere Positionen hält, deren Risikostruktur teilweise gegenläufig ist, wird im Rahmen des **Risk-Based-Margin-Systems** dieses verminderte

[164] Im hier besprochenen Kontext kann unterstellt werden, daß keine Spread-Positionen (Short und Long-Positionen auf einen Basiswert) vorhanden sind. Bei Spreads wird die Marginberechnung von der DTB modifiziert.

[165] An vielen Börsenplätzen werden Margins folgendermaßen bestimmt: Neben der bei der Positionseröffnung zu leistenden „initial margin" (= Additional Margin der DTB) wird als Mindestkontostand die sogenannte "maintenance margin" festgelegt. Falls der Marginkontostand (durch aufgelaufene Verluste) unter diese Mindestdeckung sinkt, erfolgt ein margin call, wobei die Differenz zur initial margin bis zum darauffolgenden Börsentag aufzufüllen ist, da sonst die offene Position durch das Clearinghouse geschlossen wird.

[166] Stand Dezember 1997; die Sätze werden von der DTB aufgrund historischer Volatilitäten bestimmt.

[167] 1 Punkt entspricht 100 Ticks à DM 25 = DM 2.500. Dies ist genau 1% des Kontraktwertes von DM 250.000 bei BUND-, BOBL- und SCHATZ-Future. Für die Euromark-Futures gilt dies entsprechend, da deren Kontraktwert sich auf eine kürzere Laufzeit bezieht.

Gesamtrisiko bei der Marginbestimmung berücksichtigt, wodurch sich der Gesamteinschuß vermindert.[168]

Bei Zinsoptionen kommen die Marginsysteme in unterschiedlichen Varianten vor. Das herkömmliche Verfahren zur Berechnung der **Margin für Optionen** ist die **Premium-Based**-Methode. Bei dieser Methode zahlt der Optionskäufer die Prämie sofort in voller Höhe an den Optionsverkäufer.[169]

An der DTB erfolgt die Marginberechnung für Zinsoptionen nach dem **Future-Style**-Abrechnungsverfahren. Danach muß der Optionskäufer die Optionsprämie nicht schon beim Optionskauf an den Optionsverkäufer zahlen, sondern erst bei Ausübung, Verkauf oder Verfall der Option. Die Optionsverkäufer haben sowohl bei der Premium-Based-Methode als auch beim Future-Style-Abrechnungsverfahren Sicherheitsleistungen zu hinterlegen, die sich nach dem Basispreis der Option und dem Wert des der Option zugrundeliegenden Instruments richten.[170]

Im Vergleich zum Kassageschäft muß somit bei Futures und Optionen bis zu deren Fälligkeit nur ein Bruchteil des Kapitals aufgebracht werden, auf das sich der Kontrakt bezieht, woraus eine enorme **Hebelwirkung** (Leverageeffekt) resultiert.[171] Dieser Hebel macht den besonderen Reiz des Termingeschäfts als Spekulationsinstrument aus.

5.3.1.3 Erteilung von Börsenaufträgen

Aufträge müssen nach den Regeln der jeweiligen Börse erteilt werden, d.h. sie müssen genau spezifiziert sein. Ein Auftrag für ein Geschäft mit Futures setzt sich aus folgenden Komponenten zusammen:

- Kauf oder Verkauf,
- Kontraktmenge,
- Basiswert,
- Verfall- bzw. Fälligkeitsdatum,
- Preis (Kurs),
- Börse, an welcher der Auftrag plaziert werden soll und

[168] Vgl. Franke, G. (1990), S. 45; Wiebke (1991), S. 147; Glogowski (1990), S. 314 f.; Pitts/Fabozzi (1990), S. 28 f.; Dresdner Bank AG (1993), S. 23; Hull (1993), S. 23-26; Uhlir (1992a), S. 343.

[169] Dieses Verfahren kommt an der DTB nur für Aktien- und DAX-Optionen zum Einsatz

[170] Vgl. Thießen/Gith (1992); Beilner/Schoess (1991), S. 375; Franke, J. (1993).

[171] Vgl. Deutsche Termin Börse GmbH (1990), S. 10; Trepp (1994); Hielscher (1993), S. 1174; Glogowski (1990), S. 344.

- Gültigkeitsdauer des Auftrags.

Darüber hinaus müssen bei Optionsgeschäften der Optionstyp und der Basispreis angegeben werden.

Hinsichtlich des Kurses und der Gültigkeitsdauer bestehen zahlreiche Variationsmöglichkeiten. Es kann zusätzlich bestimmt werden, ob ein Auftrag nur unter gewissen Bedingungen ausgeführt werden soll. Außerdem können auch kombinierte Aufträge erteilt werden. Für das aktive Hedgemanagement gehören zu den wichtigsten Varianten von Auftragsarten limitierte bzw. unlimitierte Aufträge und begrenzte Auftragsarten. Im einzelnen können unterschieden werden:

Unlimitierte Aufträge werden sofort nach Eingang zum günstigst möglichen Preis ausgeführt. Sie werden auch market orders genannt. Als Kaufaufträge tragen sie den Vermerk "billigst" und als Verkaufsaufträge den Vermerk "bestens". Dabei erfolgt keine genauere Bestimmung des Ausführungspreises, weshalb der Ausführungspreis für den Auftraggeber ungewiß ist.

Da insbesondere an Terminbörsen innerhalb kürzester Zeit größere Preisschwankungen auftreten können, was zu unerwartet hohen Verlusten führen kann, sollte von der Erteilung unlimitierter Aufträge abgesehen werden.

Bei **limitierten Aufträgen** wird eine Preisgrenze vorgegeben. Der Kauf oder Verkauf erfolgt dann nur zu diesem oder einem für den Kunden vorteilhafteren Preis.[172]

Limitierte Aufträge und unlimitierte Aufträge können mit den Vermerken "Gültig bis Widerruf" (good till cancelled, GTC) oder "Gültig bis Fristablauf" (good till date), "Gültig bis Monatsende" (good through month, GTM) usw. versehen werden. Falls eine derartige Gültigkeitsbestimmung fehlt, ist der Auftrag tagesgültig. Darüber hinaus sind bei limitierten Aufträgen **Einschränkungen** möglich, so zum einen mit dem Vermerk "Fill-or-kill" (d. h. sofortige <u>Gesamt</u>ausführung oder Auftragslöschung, FOK) und zum anderen "Immediate-or-cancelled" (d. h. sofortige Auftragsausführung so weit als möglich und Löschung des unausgeführten Teils). Jedoch ist bei Futures nur der Vermerk "Immediate-or-cancelled" möglich. Alternativ kann auch eine "Market if touched-Order" (MIT-Order) am Financial Futures-Markt abgegeben werden. Sobald das angegebene Limit erreicht wird, verwandelt sich dieser MIT-Auftrag in einen

[172] Vgl. Dresdner Bank AG (1993), S. 20; Wörner (1988), S. 157 f., 259; Zahn (1991), S. 305.

Bestens-Auftrag. Dabei wird ein MIT-Kaufauftrag unter und ein MIT-Verkaufsauftrag über dem aktuellen Preis erteilt.

Durch **Kombinationsaufträge** wird die gleichzeitige, aneinander gekoppelte Ausführung zweier Aufträge ermöglicht, womit sichergestellt wird, daß bei einer verfolgten Kombinationsstrategie nicht nur ein Teil der Kombination erfüllt wird.

Um automatisch aus einer verlustbringenden Position auszusteigen oder automatisch eine gewünschte Position einzugehen, wenn der Preis ein vorgegebenes Niveau erreicht, können **Stop-Aufträge** verwendet werden. "Bei einer Stop-Loss Order wird vom Auftraggeber ein Stopkurs, d. h. ein Limit, gesetzt, bei dessen Realisierung oder Unterschreitung der Auftrag als "Bestens"-Verkaufsorder ausgeführt wird".[173] In Analogie zur Stop-Loss Order kann bei der Stop-Buy Order ein Stopkurs gesetzt werden, bei dessen Realisierung oder Überschreitung der Auftrag als "Billigst"-Kauforder auszuführen ist.[174]

5.3.1.4 Preissystem und Kursnotierung

Die Liquidität und die Bildung realistischer Kurse wird an der DTB durch ein **Marketmaker**-System sichergestellt. Marketmaker sind Börsenmitglieder, die verpflichtet sind, auf Anforderung für einen oder mehrere Börsenwerte verbindliche Quotes, d. h. Geld-(Kauf-) und Brief-(Verkaufs-)kurse zu stellen, zu denen sie Geschäfte tätigen. Sie gewährleisten dadurch, daß laufend Angebot und Nachfrage vorhanden sind und den Marktteilnehmern ständig die Möglichkeit zu Geschäftsabschlüssen, insbesondere zur Glattstellung eingegangener Positionen, geboten wird.[175]

Da die DTB eine Computerbörse ist, gelangen alle eingegebenen Aufträge und Quotes über ein bundesweites Standleitungsnetz in Bruchteilen von Sekunden in das elektronische Orderbuch der DTB, wo sie automatisch nach den Kriterien Art, Preis und Zeit sortiert werden. Bei der Preisfindung kommen dann auf der Käuferseite Aufträge mit dem höchsten und auf der Verkäuferseite die mit dem niedrigsten Preis

---

[173] Eilenberger (1993), S. 258.

[174] Vgl. Pitts/Fabozzi (1990), S. 23-26; Eilenberger (1993), S. 103, 139, 185, 258; Zahn (1991), S. 208; Wörner (1988), S. 160; Dresdner Bank AG (1993), S. 20.

[175] Vgl. Eilenberger (1993), S. 185; Zahn (1991), S. 214; Dresdner Bank AG (1989), S. 16; Commerzbank AG (1990), S. 65.

zuerst zum Zuge. Falls Aufträge über mehr als einen Kontrakt eingehen, können sie zu unterschiedlichen Preisen, beginnend mit dem besten Preis bis zum vorgegebenen Limit, ausgeführt werden. Über die Ausführung entscheidet außerdem die zeitliche Reihenfolge der Eingabe, wenn das Kriterium des besten Kurses für die Zuordnung nicht ausreichend ist. Unlimitierte Aufträge dürfen dabei nur ausgeführt werden, wenn sich ein Marktpreis ermitteln läßt, ansonsten fungieren die Quotes der Market-Maker als Referenzpreis.[176]

Jede offene Kontraktposition wird von der Börse täglich auf der Basis des Schlußabrechnungspreises (täglichen Abrechnungspreises) bis zu ihrer Glattstellung oder ihrem Verfalltermin neu bewertet. Bei der Preisnotierung für Zinsterminkontrakte ist zwischen kurzfristigen und langfristigen Kontrakten zu unterscheiden.

Da bei kurzfristigen unterjährigen Zinsterminkontrakten Zinseszinsen keine Rolle spielen, ergibt sich die Notierung auf Indexbasis, indem die jährliche Zinsrate von 100 subtrahiert wird. Demnach bedeutet eine Notierung von 95.00 eine jährliche Zinsrate von 5 %. Mittel- und langfristige Futureskontrakte werden hingegen wie die ihnen zugrundeliegenden Wertpapiere im Kassamarkt auf Abschlagsbasis nach dem Barwertkonzept notiert.[177]

Die weiteren Details der Notierungen sind wertpapier- und börsenspezifisch und werden im Gliederungspunkt 5.3.2 für Futures und Optionen der DTB beispielhaft dargestellt.

5.3.1.5 Glattstellung und Andienung

Während der Kontraktlaufzeit können **Verpflichtungen durch den Abschluß eines entsprechenden Gegengeschäftes eingelöst** werden, wodurch die Position geschlossen bzw. glattgestellt wird. Dabei muß das Geschäft als Glattstellungstransaktion gekennzeichnet sein. Eine Short-Position wird durch Kauf (buy-closing) und eine Long-Position wird durch Verkauf (sell-closing) eines entsprechenden, identischen Kontraktes geschlossen. Durch eine derartige Glattstellung ist es möglich, sich vor Verfall bzw. Fälligkeit des Kontraktes aus seiner Verpflichtung zu lösen und damit bestehende Gewinne oder Verluste zu realisieren. Hinzu kommt,

[176] Vgl. Deutsche Termin Börse GmbH (1990), S. 21; Commerzbank AG (1990), S. 67.
[177] Vgl. Brady (1992), S. 3; Glogowski (1990), S. 313; Frankfurter Zeitung, Blick durch die Wirtschaft (18.09.1991); Uhlir (1992b), S. 438; Wörner (1988), S. 148 f.

daß die Transaktionskosten bei vorzeitiger Glattstellung wesentlich niedriger sind als bei Lieferung.

Bei **Fälligkeit**, d. h. nach Ende des Handelszeitraumes, muß die **Erfüllung noch offener Positionen** stattfinden. Obwohl die praktische Bedeutung der effektiven Erfüllung von Terminkontrakten gering ist, da fast alle Kontrakte während ihrer Laufzeit glattgestellt werden, sollte jeder Hedger mit den Liefermodalitäten und dem Mechanismus der Andienung vertraut sein, um notfalls eine ungewollte Andienung vermeiden zu können. Außerdem üben die Liefermodalitäten einen erheblichen Einfluß auf den Preisbildungsmechanismus während der gesamten Laufzeit aus. Sie können Preisverzerrungen auf dem Kassamarkt bewirken und beeinflussen so letztendlich auch die Hedgeeffiziez.

Falls dem Kontrakt eine Kassaposition zugrundeliegt, kann die Erfüllung entweder durch Bar-Andienung (cash settlement) oder effektive Andienung (physical settlement) erfolgen. Der Barausgleich erfolgt bei Futures und Optionen auf abstrakter Basis, weil ihnen eine fiktive Position zugrundeliegt, deren physische Lieferung unmöglich ist. Dabei wird die Differenz zwischen Basispreis und aktuellem Kurs des zugrundeliegenden Titels in bar ausgeglichen. Bei Financial Futures gelangt die Differenz zwischen dem ursprünglichen Kontraktpreis und dem Schlußabrechnungspreis zur Auszahlung.[178]

Den Futures und Optionen auf konkreter Basis liegen reale Handelsobjekte zugrunde, weshalb bei Fälligkeit ein tatsächlich zugrundeliegender Zinstitel ausgetauscht werden kann. Für den Inhaber der Short-Position einer fiktiven Anleihe besteht die Möglichkeit, bei Kontraktfälligkeit die synthetische Standardanleihe zu liefern, falls diese lieferbar ist. Er kann aber auch andere Finanztitel andienen, soweit diese im veröffentlichten Lieferverzeichnis aufgeführt sind.

Wegen der Standardisierung der Basiswerte hinsichtlich der Restlaufzeit und auf einen bestimmten Kupon (z. B. 6 % beim Bund-Future) müssen die am Kassamarkt gehandelten, lieferbaren Finanztitel mit ihren unterschiedlichen Kupons und Fälligkeiten auf eine gemeinsame Lieferbasis gestellt werden.[179]
Bei termingeschäftsbezogenen Zinsoptionen erhält der Erwerber bei Ausübung einer Kaufoption die entsprechende Long-Futuresposition und bei einer Verkaufsoption

[178] Vgl. Uhlir (1992c), S. 912; Glogowski (1990), S. 314; Pitts/Fabozzi (1990), S. 26; Eilenberger (1993), S. 204, 246, 92; Zahn (1991), S. 93, 126, 131.
[179] Siehe hierzu Kapitel 5.3.2.1 BUND-Future.

entsprechend die relevante Short-Futuresposition. Kontraktpartner ist dabei das Clearinghouse der jeweiligen Börse, das gegenüber dem Optionskäufer als Stillhalter fungiert und ihm die Futuresposition auf den Kontrakt zum am Ausübungstag herrschenden Marktpreis einräumt. Die Differenz zwischen dem Basispreis und dem aktuellen Marktpreis des Futureskontraktes wird dem Optionserwerber von der Clearingstelle erstattet, die wiederum den Optionsverkäufer mit diesem Betrag belastet.[180]

5.3.1.6 Transaktionskosten

Um eine Absicherung von ZÄR mittels Futures und Optionen richtig zu kalkulieren, ist auch die Belastung mit Transaktionskosten zu berücksichtigen. Die Transaktions-kosten bedeuten für den Hedger einen zusätzlichen Aufwand, der sich auf die Kosten bzw. die Erträge der abzusichernden Position niederschlägt. Im Falle einer Ab-sicherung eines Passivgeschäfts (Kredit) müssen die Transaktionskosten zinserhöhend berücksichtigt werden. Im Falle einer Anlage wirken die Transaktionskosten zinsmindernd.

Für den spekulativen Einsatz gilt: Bevor sich ein Gewinn einstellen kann, müssen erst diese Kosten abgedeckt werden, bzw. falls die erwartete Kursentwicklung nicht eintritt, erhöhen die Nebenkosten den entstehenden Verlust.

Beim Abschluß, der Glattstellung bzw. der Lieferung und der Abwicklung von Terminkontrakten fallen zusätzlich zum Options-, Basis- oder Futurespreis neben Einschüssen und eventuell entstehenden Nachschußforderungen auch die Spannen zwischen Geld- und Briefkursen sowie variable und fixe Provisionen und Gebühren an. Die Terminbörsen berechnen Gebühren, die die Clearingmitglieder ihren Kunden weiterbelasten und dabei zusätzlich eigene Provisionen in Rechnung stellen. Falls weitere in- oder ausländische Stellen eingeschaltet sind, werden auch deren Kosten an den Kunden weiterbelastet. Vor allem bei kleineren Aufträgen mit relativ hohen Mindestprovisionen wird sich dieser Kostenfaktor erheblich auf die Netto-Gewinnchance auswirken.[181]

---

[180] Vgl. Kirscher (1992b), S. 649; Eilenberger (1993), S. 244, 395; Hielscher (1993), S. 1168

[181] Vgl. Kalinski/Dürr/Lusche (1991), S. 336; Dresdner Bank AG (1993), S. 18 f.; Büschgen (1988), S. 89. Die Provisionssätze sind sehr unterschiedlich. Manche Banken verlangen eine Gebühr von bis zu 1% vom Umsatz, gekoppelt mit einer Mindestgebühr von 120 DM. Bei freien Maklern ist ein „round turn", d.h. das Eingehen und die Glattstellung einer Position für 30 DM möglich.

5.3.2 Futures und Optionen an der DTB

An der DTB werden derzeit Optionen und Futures für Basiswerte mit einer Laufzeit von 1 Monat bis zu 10 Jahren gehandelt.[182]

Alle Futures beziehen sich auf Anleihen des Bundes oder der Treuhandanstalt bzw. auf Euro-Termineinlagen am Londoner Markt. Erstere sehen bei Fälligkeit eine Lieferung von Schuldverschreibungen vor. Internationale Erfahrungen zeigen jedoch, daß nur etwa 1 % bis 5 % der an den Terminbörsen eröffneten Kauf- und Verkaufspositionen erfüllt werden und somit über 95 % vor ihrem Liefertermin durch kongruente Gegengeschäfte glattgestellt werden. Bei den Euromark-Futures auf Basis der LIBOR-Sätze findet hingegen ein Barausgleich statt.

Die Optionen beziehen sich wiederum auf die an der DTB gehandelten Futures.

5.3.2.1 BUND-Future

Die DTB bietet mit der Einführung des langfristigen DTB-BUND-Futures einen Zinsfuture auf eine idealtypische 8 1/2- bis 10-jährige deutsche Anleihe der Bundesrepublik Deutschland oder von der Treuhandanstalt emittierte Wertpapiere mit einer Nominalverzinsung von 6 % an, wobei dreierlei Liefertermine und demnach drei verschiedene Futures gehandelt werden. Da es sich um einen synthetischen Basiswert handelt, ist die Andienung nicht auf ein in bezug auf Laufzeit und Verzinsung spezifiziertes Kassainstrument beschränkt, sondern die Erfüllung kann aus einer Palette von gleichartigen lieferbaren Wertpapieren mit einer Restlaufzeit von 8 1/2 bis 10 Jahren erfolgen. Der Käufer eines Bund-Futures wird sich bei Erfüllung eine entsprechende Anleihe ausliefern lassen und der Verkäufer wird das Wertpapier liefern. Um die einzelnen, mit unterschiedlichen Restlaufzeiten und Kupons ausgestatteten, lieferbaren Anleihen mit der idealtypischen 6 %-Bundesanleihe auf einen gemeinsamen Nenner zu bringen und damit einen für Käufer wie Verkäufer fairen Abrechnungspreis ermitteln zu können, wird von der DTB für

[182] Der langfristige BUXL-Future (15-30 Jahre Restlaufzeit) konnte sich am Markt nicht durchsetzen und wurde von der DTB wieder aus dem Programm genommen. Im kurzfristigen Bereich wurde der FIBOR-Future (Basis: 3-Monats-FIBOR) 1997 durch die Euromark-Futures (Basen: 1- bzw. 3-Monats-LIBOR) ersetzt. Hintergrund ist die größere internationale Bedeutung des LIBOR im Vergleich zum FIBOR.

Merkmal	*Beschreibung*
Basiswert	synthetische (fiktive) Schuldverschreibung des Bundes oder der Treuhandanstalt mit einer Nominalverzinsung von 6 % einer Laufzeit von 8,5 bis 10 Jahren
Erfüllung	Bundes- und Treuhandanleihen, jeweils mit einer Restlaufzeit am Liefertag von 8,5 bis 10 Jahren.
Kontraktwert	DM 250.000,-- (nominal)
Notierung	in % vom Nennwert, auf zwei Dezimalstellen genau
Minimale Kursveränderung	Tick-Größe: 0,01 %; Tick-Wert: DM 25,-- (DM 250.000/100 * 0,01)
Liefermonate	die nächsten drei Quartalsmonate des Zyklus März, Juni, September, Dezember
Laufzeiten	3, 6 oder 9 Monate
Letzter Handelstag	zwei Börsentage vor dem Liefertag des jeweiligen Quartalsmonats
Handelsschluß für den fälligen Liefermonat	12.30 Uhr Frankfurter Zeit
Abwicklung	Die Inhaber einer Short-Position müssen der Börse am letzten Handelstag nach Handelsschluß des fälligen Liefer-monats bis zum Ende der Post-Trading-Periode anzeigen, welche Anleihen sie liefern wollen. Liefertag ist der zehnte Kalendertag des jeweiligen Quartalsmonats, sofern dies ein Börsentag ist, andernfalls der darauffolgende Börsentag.
Tägliche Abrechnung	Für jeden Kontrakt werden Gewinne und Verluste aus offenen Positionen am betreffenden Börsentag in Anschluß an die Post-Trading-Periode ermittelt und den internen Geldverrechnungskonten gutgeschrieben bzw. belastet.
Täglicher Abrechnungspreis	Ergibt sich aus dem Durchschnitt der Preise, die innerhalb der letzten Minute der Handelszeit (8.00 Uhr - 19.00 Uhr) ermittelt wurden; falls in der letzten Minute nicht mehr als fünf Abschlüsse getätigt werden, gilt der Durchschnitt der letzten fünf Handelspreise. Falls der so ermittelte Preis nicht den tatsächlichen Marktverhältnissen entspricht, legt die DTB den Abrechnungspreis fest.
Schlußabrechnungspreis	Wie vorstehend, jedoch bereits um 12.30 Uhr.
Maximale tägliche Kursschwankung	Im Gegensatz zur Praxis an anderen Terminbörsen besteht an der Deutschen Terminbörse keine Begrenzung für Kursschwankungen. Die DTB hat jedoch das Recht, Begrenzungen für Kursschwankungen einzuführen, wenn dies aufgrund extremer Marktbedingungen notwendig erscheint.
Margin	Die Marginverpflichtung wird von der DTB mittels des "Risk-Based-Margining"-Verfahrens ermittelt.

Abbildung 5.4. BUND-Future[183]

[183] Quelle: Internet-Seite der DTB (http://www.exchange.de/dtb/BUND-future_d.htm)

jede lieferbare Anleihe ein Umrechnungsfaktor (auch Preisfaktor oder Konversionsfaktor) errechnet.[184]

Für den Handel mit BUND-Futures bietet die DTB folgende Auftragsarten:[185]

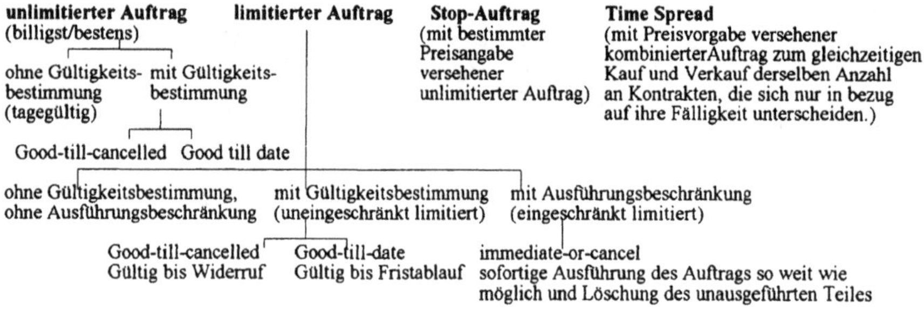

Abbildung 5.5. DTB-Auftragsarten für den Handel mit BUND-Futures

Bei Positionseröffnung muß zwar nicht der gesamte Kontraktwert über nominal DM 250.000,- überwiesen werden, jedoch ist eine Sicherheitsleistung (Margin) zu hinterlegen, deren Höhe sich nach der Volatilität des Basiswertes richtet.[186]

Bei Fälligkeit kann die Erfüllung durch eine breite Palette von Anleihen erfolgen. In Frage kommen Anleihen des Bundes sowie vom Bund uneingeschränkt und unmittelbar garantierte Schuldverschreibungen der Treuhandanstalt, deren Restlaufzeit am Liefertag zwischen 8,5 und 10 Jahren liegt. Da sich die hierfür in Frage kommenden Anleihen hinsichtlich Fälligkeit und Kupon unterscheiden, wird von der DTB für jede lieferbare Anleihe ein **Konversionsfaktor** (auch Preisfaktor oder Umrechnungsfaktor genannt) ermittelt. Der Konversionsfaktor errechnet sich aus dem Barwert des lieferbaren Titels bei horizontaler Zinsstruktur, wobei der Zinssatz der fiktiven Anleihe als Diskontierungssatz verwendet wird. Falls jedoch die Zinsstruktur nicht horizontal ist, weisen die Titel unterschiedliche angepaßte Kurswerte auf. Da der Verkäufer des Futures selbst entscheiden kann, welche der betreffenden Anleihen er liefert, wird er den Titel wählen, der für ihn am günstigsten ist. Er wird den Titel mit dem niedrigsten

[184] Die DTB berechnet den Preisfaktor nach folgender Formel:

$$\text{Preisfaktor} = \frac{1}{(1{,}06)^{f}} \left[\frac{c}{6} \left(1{,}06 - \frac{1}{(1{,}06)^{n}} \right) + \frac{1}{(1{,}06)^{n}} \right] - \frac{c\,(1-f)}{100}$$

wobei: c = Kupon der lieferbaren Anleihe, n = Restlaufzeit in Jahren,
f = Anzahl der vollen Monate bis zur nächsten Kuponzahlung, geteilt durch 12.

[185] Vgl. Deutsche Termin Börse GmbH (1990), S. 21.

[186] Vgl. hierzu Uhlir (1992c), S. 914; Deutsche Termin Börse GmbH (1990); Beilner/Mathes (1990), S. 450-452; Bayerische Vereinsbank AG (1993), S. 55; Zahn (1991), S. 346;

angepaßten Kurswert wählen. Dieser Titel wird als "cheapest to deliver bond" (CTD) bezeichnet. Um den CTD zu ermitteln, vergleicht er den Aufwand für die zu liefernde Anleihe (Tageskurs * Kontraktwert/100 + Stückzinsen) mit dem Erlös aus der Lieferung (Futurepreis * Preisfaktor * Kontraktwert/100 + Stückzinsen).

Beispiel 5.1 Ermittlung des Abrechnungspreises

Am Ende der Kontraktlaufzeit eines Bund-Future soll eine 7 %- Anleihe mit einer Restlaufzeit von 8 Jahren und 9 Monaten, aufgelaufenen Stückzinsen von DM 6805,56 und einem Preisfaktor von 1,065098 zur Lieferung kommen. Der Futures-Schlußkurs ist bei 90,50 %. Der effektive Betrag, den der Käufer für die Lieferung von nominal DM 250.000,-- der Anleihe bezahlen muß, beträgt dann:
90,50 x 1,065098 x DM 2500 + DM 6805,56 = DM 247.783,98.

Der Konversionsfaktor der fiktiven Anleihe ist theoretisch gleich eins. Bei den sonstigen lieferbaren Titeln ist er größer als eins, falls die Nominalverzinsung höher ist, als die der Standardanleihe.[187] Analog dazu ist der Konversionsfaktor kleiner als eins, wenn die Nominalverzinsung niedriger ist.

5.3.2.2 BOBL-Future

Der BOBL-Future entspricht dem BUND-Future mit Ausnahme der Laufzeit der zugrunde liegenden Anleihen und der für die Erfüllung zugelassenen Titel.

Die exakten Spezifikationen können der Abbildung 5.6. entnommen werden.

---

[187] Der Konversionsfaktor ist größer als eins, weil sich dann bei gleichen Nominalbeträgen von Kassa- und Terminposition bei einer bestimmten Veränderung des Renditeniveaus für die Kassaposition eine größere Preisreaktion als für die Terminkontraktposition

Merkmal	*Beschreibung*
Basiswert	synthetische (fiktive) Schuldverschreibung des Bundes oder der Treuhandanstalt mit einer Nominalverzinsung von 6 % mit einer Laufzeit von 3,5 bis 5 Jahren
Erfüllung	Bundesobligationen oder -schatzanweisungen mit einer ursprünglichen Laufzeit von 3,5-5,25 Jahren und Bundes- und Treuhandanleihen, jeweils mit einer Restlaufzeit am Liefertag von 3,5 bis 5 Jahren.
Kontraktwert	DM 250.000,-- (nominal)
Notierung	in % vom Nennwert, auf zwei Dezimalstellen genau
Minimale Kursveränderung	Tick-Größe: 0,01 %; Tick-Wert: DM 25,-- (DM 250.000/100 * 0,01)
Liefermonate	die nächsten drei Quartalsmonate des Zyklus März, Juni, September, Dezember
Laufzeiten	3, 6 oder 9 Monate
Letzter Handelstag	zwei Börsentage vor dem Liefertag des jeweiligen Quartalsmonats
Handelsschluß für den fälligen Liefermonat	12.30 Uhr Frankfurter Zeit
Abwicklung	Die Inhaber einer Short-Position müssen der Börse am letzten Handelstag nach Handelsschluß des fälligen Liefer-monats bis zum Ende der Post-Trading-Periode anzeigen, welche Anleihen sie liefern wollen. Liefertag ist der zehnte Kalendertag des jeweiligen Quartalsmonats, sofern dies ein Börsentag ist, andernfalls der darauffolgende Börsentag.
Tägliche Abrechnung	Für jeden Kontrakt werden Gewinne und Verluste aus offenen Positionen am betreffenden Börsentag in Anschluß an die Post-Trading-Periode ermittelt und den internen Geldverrechnungskonten gutgeschrieben bzw. belastet.
Täglicher Abrechnungspreis	Ergibt sich aus dem Durchschnitt der Preise, die innerhalb der letzten Minute der Handelszeit (8.00 Uhr - 19.00 Uhr) ermittelt wurden; falls in der letzten Minute nicht mehr als fünf Abschlüsse getätigt werden, gilt der Durchschnitt der letzten fünf Handelspreise. Falls der so ermittelte Preis nicht den tatsächlichen Marktverhältnissen entspricht, legt die DTB den Abrechnungspreis fest.
Schlußabrechnungspreis	Wie vorstehend, jedoch bereits um 12.30 Uhr ermittelt.
Maximale tägliche Kursschwankung	Im Gegensatz zur Praxis an anderen Terminbörsen besteht an der Deutschen Terminbörse keine Begrenzung für Kursschwankungen. Die DTB hat jedoch das Recht, Begrenzungen für Kursschwankungen einzuführen, wenn dies aufgrund extremer Marktbedingungen notwendig erscheint.
Margin	Die Marginverpflichtung wird von der DTB mittels des "Risk-Based-Margining"-Verfahrens ermittelt.

Abbildung 5.6. BOBL-Future[188]

[188] Quelle: Internet-Seite der DTB (http://www.exchange.de/dtb/BOBL-future_d.htm)

Merkmal	*Beschreibung*
Basiswert	synthetische (fiktive) Schuldverschreibung des Bundes oder der Treuhandanstalt mit einer Nominalverzinsung von 6 % mit einer Laufzeit von 1,75 bis 2,25 Jahren
Erfüllung	Bundesschatzanweisungen mit einer ursprünglichen Laufzeit von max. 2,25 Jahren, sowie Bundesobligationen, vierjährige Bundesschatzanweisungen und Bundes- und Treuhandanleihen, jeweils mit einer Restlaufzeit am Liefertag von 1,75 bis 2,25 Jahren.
Kontraktwert	DM 250.000,-- (nominal)
Notierung	in % vom Nennwert, auf zwei Dezimalstellen genau
Minimale Kursveränderung	Tick-Größe: 0,01 %; Tick-Wert: DM 25,-- (DM 250.000/100 * 0,01)
Liefermonate	die nächsten drei Quartalsmonate des Zyklus März, Juni, September, Dezember
Laufzeiten	3, 6 oder 9 Monate
Letzter Handelstag	zwei Börsentage vor dem Liefertag des jeweiligen Quartalsmonats
Handelsschluß für den fälligen Liefermonat	12.30 Uhr Frankfurter Zeit
Abwicklung	Die Inhaber einer Short-Position müssen der Börse am letzten Handelstag nach Handelsschluß des fälligen Liefer-monats bis zum Ende der Post-Trading-Periode anzeigen, welche Anleihen sie liefern wollen. Liefertag ist der zehnte Kalendertag des jeweiligen Quartalsmonats, sofern dies ein Börsentag ist, andernfalls der darauffolgende Börsentag.
Tägliche Abrechnung	Für jeden Kontrakt werden Gewinne und Verluste aus offenen Positionen am betreffenden Börsentag in Anschluß an die Post-Trading-Periode ermittelt und den internen Geldverrechnungskonten gutgeschrieben bzw. belastet.
Täglicher Abrechnungspreis	Ergibt sich aus dem Durchschnitt der Preise, die innerhalb der letzten Minute der Handelszeit (8.00 Uhr - 19.00 Uhr) ermittelt wurden; falls in der letzten Minute nicht mehr als fünf Abschlüsse getätigt werden, gilt der Durchschnitt der letzten fünf Handelspreise. Falls der so ermittelte Preis nicht den tatsächlichen Marktverhältnissen entspricht, legt die DTB den Abrechnungspreis fest.
Schlußabrechnungspreis	Wie vorstehend, jedoch bereits um 12.30 Uhr ermittelt.
Maximale tägliche Kursschwankung	Im Gegensatz zur Praxis an anderen Terminbörsen besteht an der Deutschen Terminbörse keine Begrenzung für Kursschwankungen. Die DTB hat jedoch das Recht, Begrenzungen für Kursschwankungen einzuführen, wenn dies aufgrund extremer Marktbedingungen notwendig erscheint.
Margin	Die Marginverpflichtung wird von der DTB mittels des "Risk-Based-Margining"-Verfahrens ermittelt.

Abbildung 5.7. SCHATZ-Future[189]

[189] Quelle: Internet-Seite der DTB (http://www.exchange.de/dtb/SCHATZ-future_d.htm)

5.3.2.3 SCHATZ-Future

Der SCHATZ-Future entspricht mit Ausnahme der Laufzeit der zugrunde liegenden Anleihen und der für die Erfüllung zugelassenen Titel dem BOBL-Future. Die DTB hat mit diesem Instrument 1996 die Lücke zwischen den kurzfristigen Euromark-Futures und dem mittelfristigen BOBL-Future geschlossen.

Die exakten Spezifikationen können der Abbildung 5.7 entnommen werden.

Merkmal	*Beschreibung*
Basiswert	Zinssatz für Einmonats-Eurotermingelder (LIBOR)
Erfüllung	in bar
Kontraktwert	DM 3.000.000,-- (nominal)
Notierung	100 - Zinssatz, auf 2 Dezimalstellen gerundet
Minimale Kursveränderung	Tick-Größe: 0,01 %; Tick-Wert: DM 25,-- (DM 3.000.000/12/100 * 0,01)
Verfallmonate	die nächsten sechs aufeinanderfolgenden Kalendermonate
Letzter Handelstag	zwei Börsentage vor dem 3. Mittwoch des Erfüllungsmonats
Handelsschluß für den fälligen Liefermonat	11.00 Uhr Londoner Zeit
Abwicklung	in bar, fällig am ersten Börsentag nach dem letzten Handelstag
Tägliche Abrechnung	Für jeden Kontrakt werden Gewinne und Verluste aus offenen Positionen am betreffenden Börsentag in Anschluß an die Post-Trading-Periode ermittelt und den internen Geldverrechnungskonten gutgeschrieben bzw. belastet.
Täglicher Abrechnungspreis	Ergibt sich aus dem Durchschnitt der Preise, die innerhalb der letzten Minute der Handelszeit (8.45 Uhr - 19.00 Uhr) ermittelt wurden; falls in der letzten Minute nicht mehr als fünf Abschlüsse getätigt werden, gilt der Durchschnitt der letzten fünf Handelspreise. Falls der so ermittelte Preis nicht den tatsächlichen Marktverhältnissen entspricht, legt die DTB den Abrechnungspreis fest.
Schlußabrechnungspreis	Wird von der DTB auf der Grundlage der von der British Bankers' Association um 11.00 Uhr des letzten Handelstages ermittelten Zinssatzes festgelegt.
Maximale tägliche Kursschwankung	Im Gegensatz zur Praxis an anderen Terminbörsen besteht an der Deutschen Terminbörse keine Begrenzung für Kursschwankungen. Die DTB hat jedoch das Recht, Begrenzungen für Kursschwankungen einzuführen, wenn dies aufgrund extremer Marktbedingungen notwendig erscheint.
Margin	Die Marginverpflichtung wird von der DTB mittels des "Risk-Based-Margining"-Verfahrens ermittelt.

Abbildung 5.8. Einmonats-Euromark-Future[190]

[190] Quelle: Internet-Seite der DTB (http://www.exchange.de/dtb/euromark-future_d.htm)

5.2.3.4 Euromark-Futures

Die DTB bietet seit 1997 zwei Futures auf Eurotermingelder an. Basis sind die von der British Bankers' Association ermittelten Referenzzinssätze für Einmonats- und Dreimonatsgelder.

Die exakten Spezifikationen können den Abbildungen 5.8. und 5.9. entnommen werden.

Merkmal	*Beschreibung*
Basiswert	Zinssatz für Dreimonats-Eurotermingelder (LIBOR)
Erfüllung	in bar
Kontraktwert	DM 1.000.000,-- (nominal)
Notierung	100 - Zinssatz, auf 2 Dezimalstellen gerundet
Minimale Kursveränderung	Tick-Größe: 0,005; Tick-Wert: DM 12,50 (DM 1.000.000/4/100 * 0,005)
Verfallmonate	die nächsten drei aufeinanderfolgenden Kalendermonate sowie die nächsten 11 Quartalsmonate
Letzter Handelstag	zwei Börsentage vor dem 3. Mittwoch des Erfüllungsmonats
Handelsschluß für den fälligen Liefermonat	11.00 Uhr Londoner Zeit
Abwicklung	in bar, fällig am ersten Börsentag nach dem letzten Handelstag
Tägliche Abrechnung	Für jeden Kontrakt werden Gewinne und Verluste aus offenen Positionen am betreffenden Börsentag in Anschluß an die Post-Trading-Periode ermittelt und den internen Geldverrechnungskonten gutgeschrieben bzw. belastet.
Täglicher Abrechnungspreis	Ergibt sich aus dem Durchschnitt der Preise, die innerhalb der letzten Minute der Handelszeit (8.30 Uhr - 19.00 Uhr) ermittelt wurden; falls in der letzten Minute nicht mehr als fünf Abschlüsse getätigt werden, gilt der Durchschnitt der letzten fünf Handelspreise. Falls der so ermittelte Preis nicht den tatsächlichen Marktverhältnissen entspricht, legt die DTB den Abrechnungspreis fest.
Schlußabrechnungspreis	Wird von der DTB auf der Grundlage der von der British Bankers' Association um 11.00 Uhr des letzten Handelstages ermittelten Zinssatzes festgelegt.
Maximale tägliche Kursschwankung	Im Gegensatz zur Praxis an anderen Terminbörsen besteht an der Deutschen Terminbörse keine Begrenzung für Kurs-schwankungen. Die DTB hat jedoch das Recht, Begren-zungen für Kursschwankungen einzuführen, wenn dies aufgrund extremer Marktbedingungen notwendig erscheint.
Margin	Die Marginverpflichtung wird von der DTB mittels des "Risk-Based-Margining"-Verfahrens ermittelt.

Abbildung 5.9. Dreimonats-Euromark-Future[191]

[191] Quelle: Internet-Seite der DTB (http://www.exchange.de/dtb/euromark-future_d.htm); die Tcikgröße wurde von der DTB im Januar 1998 von 0,01 auf 0,005 Prozentpunkte umgestellt.

5.3.2.5 Optionen auf Zinsfutures der DTB

Die DTB bietet auf den BUND-, den BOBL- und den SCHATZ-Future Optionen an. Ab 1998 wird auch eine Option auf den Dreimonats-Euromark-Future in das Programm aufgenommen. Die abbildung 5.10. zeigt die Konditionen für die Optionen auf den Dreimonats-Euromark-Future.

Merkmal	*Beschreibung*
Basiswert	Dreimonats-Euromark-Future
Basispreise	feste Preisabstufungen zu 0,10; für jeden Fälligkeitsmonat werden 21 Basispreise (z.B. von 95,00 bis 97,00) geführt
Erfüllung	Die Ausübung führt für Käufer und Verkäufer zu einer entsprechenden Euromark-Future-Position
Kontraktwert	DM 1.000.000,-- (nominal); ein Futurekontrakt
Notierung	in Punkten, auf 3 Dezimalstellen
Minimale Kursveränderung	Tick-Größe: 0,005; Tick-Wert: DM 12,50
Prämienabrechnung	Future-Style-Verfahren
Verfallmonate	die nächsten vier Monate aus dem Zyklus März, Juni, September und Dezember
Letzter Handelstag	zwei Börsentage vor dem 3. Mittwoch des Erfüllungsmonats
Handelsschluß für den fälligen Liefermonat	11.00 Uhr Londoner Zeit
Ausübungszeit	an jedem Börsentag während der Laufzeit bis zum Ende der Post-Trading-Periode (amerikanische Option)
Täglicher Abrechnungspreis	Der Preis des letzten während der letzten Handelsstunde zustandegekommenen Geschäfts einer Optionsserie. Sind in diesem Zeitraum keine Geschäfte zustandegekommen oder entspricht der so ermittelte Preis nicht den tatsächlichen Marktverhältnissen, legt die DTB den Abrechnungspreis fest.
Margin	Die Marginverpflichtung wird von der DTB mittels des "Risk-Based-Margining"-Verfahrens ermittelt.

Abbildung 5.10. Option auf den Dreimonats-Euromark-Future

Die Optionen auf SCHATZ-, BOBL- und BUND-Future sind im Design vergleichbar. Nachfolgend wird daher stellvertretend die Spezifikationen des SCHATZ-Future dargestellt.

Zur Beurteilung des Einsatzes von Optionen kann auf die Ausführungen zu den OTC-Optionen verwiesen werden.[192]

[192] Vgl. Kapitel. 4.3.1.3

Merkmal	Beschreibung
Basiswert	SCHATZ-Future
Basispreise	feste Preisabstufungen zu 0,25 Punkten; jeder Kontraktmonat wird mit 9 Basispreise eingeführt; diese werden bei entsprechender Marktentwicklung ergänzt
Erfüllung	Die Ausübung führt für Käufer und Verkäufer zu einer entsprechenden SCHATZ-Position
Kontraktwert	DM 250.000,-- (nominal); ein Futurekontrakt
Notierung	in Punkten, auf 2 Dezimalstellen
Minimale Kursveränderung	Tick-Größe: 0,01; Tick-Wert: DM 25,-
Prämienabrechnung	Future-Style-Verfahren
Verfallmonate	die nächsten drei aufeinanderfolgenden Monate sowie der darauffolgende Monat aus dem Zyklus März, Juni, September und Dezember (Laufzeiten: 1, 2, 3 und 6 Monate)
Letzter Handelstag	sechs Börsentage vor dem 1. Kalendertag des Verfallmonats der Option
Ausübungszeit	an jedem Börsentag während der Laufzeit bis zum Ende der Post-Trading-Periode (amerikanische Option)
Täglicher Abrechnungspreis	Der Preis des letzten während der letzten Handelsstunde zustandegekommenen Geschäfts einer Optionsserie. Sind in diesem Zeitraum keine Geschäfte zustandegekommen oder entspricht der so ermittelte Preis nicht den tatsächlichen Marktverhältnissen, legt die DTB den Abrechnungspreis fest.
Margin	Die Marginverpflichtung wird von der DTB mittels des "Risk-Based-Margining"-Verfahrens ermittelt.

Abbildung 5.11. Option auf den SCHATZ-Future

Daneben gibt es eine geringe Anzahl von Optionsscheinen auf Anleihen des Bundes, auf den BUND- und den BOBL-Future und auf amerikanische T-Bonds, die von verschiedenen Kreditinstituten[193] angeboten werden. Diese werden im Geregelten Markt oder im Freiverkehr[194] gehandelt.

Standardmäßig angebotene Optionsscheine haben den Nachteil, daß hierfür nur ein sehr enger Markt existiert. Insbesondere in Zeiten größerer Preisveränderungen (Zinssteigerungen oder -rückgänge) ist es problematisch, die Optionsscheine zu marktkonformen Kursen zu kaufen bzw. zu verkaufen.

[193] Wichtige Anbieter sind z.B. Ctibank, WestLB, Société General, SBV.
[194] Die Kurse können z.B. dem Börsenteil von Handelsblatt oder FAZ entnommen werden. Zudem stellen die wichtigsten Emittenten ihre im Telefonhandel gestellten Kurse über das Internet zur Verfügung. Zu den Marktsegmenten vgl. Obst/Hintner(1993), S. 1240 ff.

5.4 Einsatz von Zinsfutures beim Hedging von Zinsänderungsrisiken

Zur Prüfung der Einsatzmöglichkeiten von Zinsfutures um ZÄRen zu vermindern bzw. zu vermeiden, muß man nochmals auf die Wechselwirkung zwischen Preis des Futures, Kassapreis und Marktrendite zurückkommen:

Der Preis von Zinsfutures reagiert auf die Kursentwicklung am Kassamarkt. Dabei fällt der Preis der Zinsfutures, sobald das Renditeniveau am Kassamarkt steigt. Umgekehrt steigen die Preise für Futures, wenn die Marktrendite am Kassamarkt sinkt.

Mit Futures kann das Risiko zukünftiger Preisänderungen gehedged werden: Es können für den Kauf bzw. Verkauf eines Wertpapiers zu einem künftigen Zeitpunkt die Preise bzw. Zinssätze festgeschrieben werden, die sich aus den aktuellen Futurespreisen[195] ergeben. Dabei bildet der Kauf bzw. Verkauf einer zukünftigen Marktposition einen zeitlichen Ersatz für eine spätere Transaktion (Kauf bzw. Verkauf) am Kassamarkt.

Ein „Kauf" am Kassamarkt stellt eine Anlage von Finanzmitteln oder eine Rückzahlung von aufgenommenen Mitteln (Tilgung) dar. Ein „Verkauf" am Kassamarkt kann sowohl eine Kreditaufnahme als auch einen Verkauf Anlagen zum Gegenstand haben.

Durch den Aufbau der entgegengesetzten Futuresposition werden die Folgen einer negativen, aber auch die einer vorteilhaften Zinsentwicklung neutralisiert. Dabei kann das ZÄR entweder bestehende oder aber zukünftige Positionen betreffen:[196] Auch geplante Kassapositionen unterliegen dem Risiko fallender bzw. steigender Zinsen.

Falls sich **steigende Zinssätze** negativ auf die Kassaposition auswirken, sollten Verkaufspositionen (Short-Position) am Finanzterminmarkt als Gegenposition zum bestehenden oder künftigen Kassageschäft aufgebaut werden. Steigende Zinssätze wirken sich bei bestehenden festverzinslichen Aktivpositionen oder variabel verzinslichen Passivpositionen (und somit bei aktivischem Festzinsüberhang) sowie geplanten Mittelaufnahmen negativ aus. Ein Hedger verkauft Zinsfutures mit der Absicht, diese Short-Position zu einem späteren Zeitpunkt durch den Kauf entsprechender Zinsfutures aufzulösen. Sind die Zinsen bis zum Kauf gestiegen und damit die Kurse gesunken, so entstehen Glattstellungsgewinne aus dem

[195] Zur Preisbildung von Futures vgl. unten Kapitel 5.5.1

[196] Zur Darstellung der ZÄRen im einzelnen vgl. Kapitel 2.1.1

Futuresgeschäft. Bei der Kassaposition sind hingegen Verluste aus einem höheren Zinsaufwand entstanden.

Falls sich **sinkende Zinsen** negativ auf die Kassaposition auswirken, sollte eine Kaufposition am Finanzterminmarkt zur Absicherung aufgebaut werden. Sinkende Zinssätze wirken sich bei bestehenden variabel verzinslichen Aktivpositionen oder festverzinslichen Passivpositionen (und somit bei passivischem Festzinsüberhang) sowie bei geplanten Anlagen negativ aus. Zur Vermeidung dieses Zinsänderungsrisikos geht der Hedger eine Long-Position im Terminmarkt ein. Um also für bestehende und zukünftige Anlagen das Risiko sinkender Zinsen und damit steigender Kurse zu begrenzen, kann der Hedger durch den Kauf von Zinsfutures (Long Hedge) versuchen, die momentane Marktrendite festzuschreiben. Er wird zum gegenwärtigen Kursniveau Futureskontrakte kaufen, um sie später zu verkaufen. Falls zwischenzeitlich das Zinsniveau gesunken ist und somit die Kurse gestiegen sind, kann er die Futures zum höheren Kurs wieder verkaufen. Somit kann er den Mehraufwand beim Anlageerwerb vermindern bzw. Zinsertragsminderungen bei variabel verzinsten Anlagen ausgleichen.

Mithilfe von Zinsfutures kann so der Preis von zinstragenden Aktiv- und Passivpositionen festgeschrieben werden. Das spiegelbildliche Risikoprofil von Kassa- und Futuresposition bewirkt, daß sich die von Marktpreisänderungen ausgelösten Verluste und Gewinne beider Positionen gegenseitig neutralisieren und im Idealfall vollständig ausgleichen. Die beschriebenen Absicherungsmaßnahmen tragen somit zu einer festen Kalkulationsgrundlage bei und ermöglichen aufgrund der risikovermindernden Wirkung auch eine Steigerung der Kreditwürdigkeit.[197]

Abbildung 5.12. zeigt die Gewinn-Verlust-Profile von Short-Futureshedge und Long-Futureshedge.

---

[197] Vgl. Hull (1993), S. 33-37; Deutsche Termin Börse GmbH (1990), S. 8, 9, 28; Binkowsi/Beeck (1991), S. 79 ff.; Pitts/Fabozzi (1990), S. 283-186;; Frankfurter Zeitung, Blick durch die Wirtschaft (01.10.1991); Zahn (1991), S. 354; Dubofsky (1992), S. 566; Franke, G. (1990), S. 53.

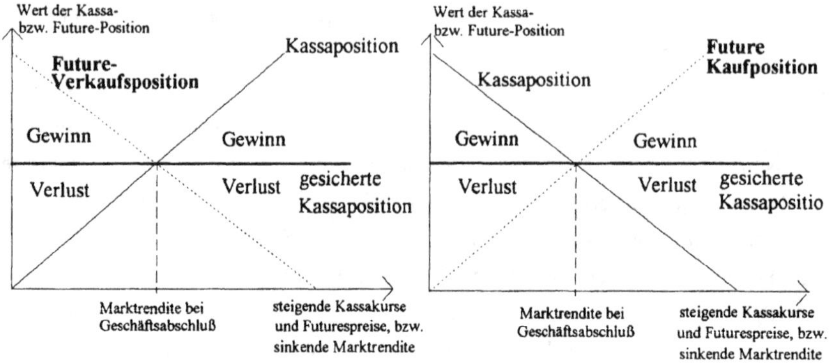

Abbildung 5.12. Short-Hedge (Verkauf von Zinsfutures) Long-Hedge (Kauf von Zinsfutures)

5.5 Bestimmungsgrößen der Auswahl einer geeigneten Futuresposition

Das Ziel einer Absicherung mittels Zinsfutures ist es, daß die Wertänderung der Futuresposition möglichst der Wertänderung der Kassaposition entspricht. Aufgabe des Hedgers ist es, den zur Absicherung geeignetsten Futureskontrakt zu bestimmen: Im Idealfall gleichen sich die Wertänderung der Hedgingposition und die Auswirkungen einer Zinsänderung auf die abzusichernde Grundposition vollständig aus. Man spricht von einem **"perfect hedge"**.

Für den Absicherungserfolg ist die Wertentwicklung von Kassa- und Futurespreis bis zur Auflösung der Hedgingposition entscheidend. Der gewählte Zinsterminkontrakt soll eine optimale Gegenposition zu bestehenden oder geplanten Kassapositionen bilden.

Mit Zinsfutures kann man das Preisrisiko nur dann völlig eliminieren, wenn der dem Future zugrundeliegende Titel genau der abzusichernden Kassaposition entspricht und der Future bis zu seiner Fälligkeit gehalten wird; nur dann gleicht sich der Futurespreis mit Sicherheit dem Preis der Kassaposition bis zur Fälligkeit an. Im Idealfall lauten also Kontrakt und Grundgeschäft auf ein identisches Finanzinstrument (pure hedge). Aufgrund der Standardisierung können aber

- nur bestimmte Finanztitel
- nur zu bestimmten Terminen und
- in festen Kontraktgrößen

gehandelt werden. Dadurch ist die Wahrscheinlichkeit, daß diese Vertragsbedingungen mit den Präferenzen der Marktteilnehmer vollständig übereinstimmen, sehr gering, d.h.

der Kassatitel und der dem Future zugrundeliegende Zinstitel werden sich meist in einer oder mehreren Bestimmungsgrößen unterscheiden.

Zu einer 100%-igen Hedgingeffektivität wird es in der Praxis selten kommen, da die Preise von Kassa- und Futuresposition meist nicht gleich elastisch auf Zinsveränderungen reagieren, wodurch der Nettogewinn oder -verlust für gewöhnlich nicht vollständig im voraus bestimmbar ist.
Insbesondere bei der Absicherung von Krediten kann ein perfect hedge mittels Zinsfutures nicht gelingen, da zum einen die Kontraktgröße bzw. deren Vielfaches[198] nur selten mit dem abzusichernden Betrag korrespondieren dürfte. Zum anderen besteht zwischen den Basiswerten (i.d.R. Anleihen der öffentlichen Hand bzw. darauf aufbauenden synthetischen Anleihen, Zinssätze für Eurotermingelder) von Zinsfutures und den Krediten für Unternehmen nur ein indirekter Zusammenhang.

Die Renditen und damit die Kurse öffentlicher Anleihen bzw. die Zinssätze für Eurotermingelder unterliegen einer börsentäglichen Neubewertung, mit der auch der Kurs des korrespondierenden Futures permanent seinen Preis verändert. Die Zinsen für Unternehmenskredite und -anlagen werden hingegen von den Kreditinstituten nur schrittweise in zeitlichen Abständen an die Marktlage angepaßt. Eine Ausnahme machen hier Kredite, deren Zinsen eine Referenz zu Euromarktzinssätzen haben. Im kurzfristigen Bereich ist dann ein enger Zusammenhang zwischen Future und dem darin implizierten Zinssatz und den Kreditzinsen gegeben.

Zur Ermittlung der geeignetsten Futuresposition sind die nachfolgend dargestellten Punkte zu beachten.

5.5.1 Wertermittlung von Zinsfutures

Zur Preisermittlung werden Zinsfutures synthetisch in zwei gegenläufige Kassageschäfte mit bekannten Preisen zerlegt („Futures Stripping").

Im Fall einer (zukünftigen) Kreditaufnahme wird dabei

- der Kredit sofort aufgenommen und

[198] An der DTB beträgt der Kontraktwert DM 250.000; bei kurzfristigen Basisinstrumenten liegt er noch höher. Vgl. Kapitel 5.3.2

- der daraus erhaltene Betrag bis zum Eintreten des Geld- oder Kapitalbedarfs angelegt.

Bei einer geplanten Kapitalanlage wird
- die Anlage sofort durchgeführt und
- bis zum Erhalt der freien Mittel zwischenfinanziert.

Der Kauf oder Verkauf eines Futures weist im Vergleich zur Ausführung gegenläufiger Kassageschäfte den Vorteil auf, daß die Transaktionskosten wesentlich geringer sind. Zudem erfordert der Kauf bzw. Verkauf von Futures keine sofortige Kapitalbindung.

5.5.1.1 Kurzfristige Zinsfutures

Kurzfristige Zinsfutures (z.B. Euromark-Futures) können durch zwei gegenläufige Geschäfte am Geldmarkt nachgebildet werden. Der Verkäufer des Futures sichert sich damit für eine künftige Zinsperiode die derzeitigen Zinsen: Er stellt sich so, als ob er das benötigte Kapital sofort aufnehmen und für die Vorlaufzeit anlegen würde. Er begibt sich also in die gleiche Position wie der Käufer eines FRA[199] und sichert sich gegen steigende Zinsen ab.

Der Käufer eines FRAs hat im Prinzip die gleiche Risikosituation wie der Verkäufer eines kurzfristigen Zinsfutures. Ebenso sind die Position des Verkäufers eines FRAs und des Käufers eines Zinsfutures zur Absicherung gegen sinkende Zinsen vergleichbar. Letztendlich sind kurzfristige Zinsfutures standardisierte FRAs. Zur Beurteilung eines kurzfristigen Zinsfutures sind daher dieselben Größen wie bei einem FRA erforderlich:

Nominalbetrag	**B**
Gesamtlaufzeit	**T**
Anlage- oder Kreditperiode	**t**
Vorlaufzeit	**T-t**

Abbildung 5.13. Determinanten eines kurzfristigen Zinsfutures

[199] Vgl. hierzu Kapitel 4.2.1; die in Beispiel 4.3. gegebene Darstellung gegenläufiger Kassageschäfte läßt sich auf Zinsfutures übertragen. Vgl. auch Kapitel 5.1. sowie Abbildung 5.1.

Für kurzfristige Futures läßt sich aus den Geldmarktzinssätzen ein theoretischer Preis ermitteln. Dieser wird als Fair Value FV bezeichnet. Da die Kursnotiz auf Indexbasis erfolgt, gilt:

$$FV = 100 - Z$$

Z ist der für den zukünftigen Zeitraum gültige Zinssatz (Forward-Satz). Z berechnet sich nach folgender Formel:

$$Z = \left(\frac{1 + i(T) * T/360}{1 + i(T - t) * (T - t)/360} - 1\right) * 360/T$$

mit $i(n)$ = z.B. Euromarktzins mit Laufzeit n.

Der im Futurespreis implizierte Zinssatz für die Periode t ergibt sich aus dem Geldmarktsatz für die Gesamtlaufzeit T zuzüglich des Zinsüberschusses bzw. abzüglich der Zinsunterdeckung in der Vorlaufzeit (T-t). Der dem Fair Value eines Zinsfutures entsprechende Zinssatz liegt bei einer normalen Zinsstruktur (i(T) > i(T-t)) über dem Zins eines Kassageschäfts bezogen auf die gleiche Laufzeit t. Der Grund liegt in dem Zinsverlust der Vorlaufperiode (T-t).

Am Markt wird sich zumeist ein Kurs einstellen, der vom Fair Value abweicht. Diese Abweichungen[200] werden sich jedoch in engen Grenzen halten, da andernfalls Marktteilnehmer durch Arbitrage[201] risikolose Gewinne erzielen könnten. Für Unternehmen, die bei jeder Transaktion die Marge eines Kreditinstituts einrechnen müssen, ist eine Absicherung mittels Zinsfuture oder FRA regelmäßig günstiger.

5.5.1.2 Mittel- und langfristige Zinsfutures

Mittel- und langfristige Zinsfutures notieren auf Basis des Nennwerts. Zur Preisermittlung ist wiederum zunächst eine Zerlegung in zwei Kassageschäfte durchzuführen.

---

[200] Vgl. hierzu ausführlich Eller(1996a), S. 346f.

[201] z.B. durch Kauf oder Verkauf eines Futures und gleichzeitigem Nachbilden des Future mittels gegenläufiger Kassageschäfte.

Der Kauf eines Zinsfutures läßt sich durch folgende Transaktionen darstellen:

- Kauf der Anleihe (des Basisinstruments) sofort und
- Finanzierung des Kaufs mittels eines kurzfristigen Kredits am Geldmarkt.

Dem Zinsaufwand aus dem kurzfristigen Kredit steht somit ein Zinsertrag aus der Anleihe gegenüber. Der rechnerische Terminkurs der Anleihe (Fair Value) ergibt sich demnach als:

Fair Value =	Kassakurs der Anleihe	+	Zinsertrag aus der Anleihe	-	Zinsaufwand aus dem Kredit

Bei einer normalen Zinsstruktur liegt der Terminkurs einer Anleihe unter dem Kassakurs, da die langfristigen Zinsen und damit der Zinsertrag aus der Anleihe über den kurzfristigen Zinsen des Kreditgeschäfts liegen. Zu beachten ist, daß nicht nur der Kaufkurs der Anleihe sondern auch die aufgelaufenen Stückzinsen zu finanzieren sind; Grundlage für den Kredit ist also der Dirty Price der Anleihe.

Der Unterschied in den Finanzierungskosten einer Kassa- im Gegensatz zu einer Futuresposition wird als "**cost of carry**" oder "carry basis" bezeichnet. Diese geht mit abnehmender Restlaufzeit des Futures gegen Null.

Beispiel 5.2. Änderung des Fair Value im Zeitablauf

Um den Einfluß der Restlaufzeit auf den Futureskurs herauszuarbeiten, soll von folgenden Prämissen ausgegangen werden:
Es existiert eine Anleihe mit 6% Zins, einer Restlaufzeit von 10 Jahren und einem Kurs von 100. Die Marktrendite beträgt also für diese Laufzeit exakt 6%. Zur Finanzierung des Anleihekaufs kann am Geldmarkt ein Kredit zu 4,00% (einheitlich für alle Laufzeiten von 1 bis sechs Monaten) aufgenommen werden. Verändert sich die Rendite am Kapitalmarkt nicht, so ergibt sich für den Terminkurs in Abhängigkeit von der Restlaufzeit des Futures (in Monaten) folgende Entwicklung:

Restlaufzeit Future	Dirty Price	Zinsertrag Anleihe	Refinanz.-zins	Abschlag termin	Terminkurs
6	100,00	3,000	2,0000	-1,0000	99,00
5	100,50	2,500	1,6750	-0,8250	99,18
4	101,00	2,000	1,3467	-0,6533	99,35
3	101,50	1,500	1,0150	-0,4850	99,52
2	102,00	1,000	0,6800	-0,3200	99,68
1	102,50	0,500	0,3417	-0,1583	99,84

Tabelle 5.2. Entwicklung Terminkurs

Der Terminkurs steigt also unabhängig von der Entwicklung der Zinssätze am Kapitalmarkt während der Laufzeit an.[202]

Der auf Grundlage der "cost of carry" ermittelte theoretische Futurespreis wird selten exakt mit der aktuellen Futuresnotierung übereinstimmen, da zum einen der Futurespreis auch durch Angebot und Nachfrage bestimmt wird und zum anderen die Kurse an den Kassa- und Futuresmärkten nicht synchron auf Marktentwicklungen reagieren. Es kann aber nicht zu nachhaltigen Diskrepanzen kommen, weil größere Ungleichgewichte durch Arbitrage verhindert würden.

5.5.2 Basisrisiko und Auswirkung der Basiskonvergenz

Die Differenz zwischen dem Futurespreis und dem Preis des zugrundeliegenden Kassainstruments (Underlying) wird als **Basis** bezeichnet. Deshalb wird die Gefahr, daß sich das Verhältnis zwischen Kassa- und Futurespreis unerwartet wesentlich ändert, **Basisrisiko** genannt.

Somit ersetzt man beim Hedging mit Zinsterminkontrakten das Preisrisiko des Kassamarktes mit dem Basisrisiko bzw. dem Zinselastizitätsrisiko. Dabei ist zu beachten, daß Hedging nur dann zu einer Verringerung des Zinsrisikos führt, wenn das Basisrisiko kleiner ist als das Preisrisiko des Finanztitels, d.h. daß die Varianz der Basis also geringer sein muß als die Preisvarianz des Finanztitels.

Eine Ursache für die Veränderung der Basis liegt in dem Zusammenspiel der beiden Zinssätze begründet, aus dem sich der Fair Value errechnet: Während der Zinssatz des Basisinstruments mit dem Zins des abzusichernden Kassageschäfts identisch ist oder

[202] Bei inverser Zinsstruktur tritt der gegensätzliche Effekt ein: Der Terminkurs sinkt relativ zum Kassakurs.

zumindest korreliert, ist der kurzfristige Refinanzierungszinssatz nur über die Zinsstrukturkurve damit verbunden. Ändert sich die Relation zwischen kurz- und langfristigen Zinssätzen, so verändert sich automatisch die Basis und damit der Wert des Futures.

Bei Kontraktfälligkeit müssen sich Futurespreis und Kassakurs entsprechen, da die Carry-Basis den Wert Null annimmt, im Liefermonat die Angebot und Nachfrage bestimmenden Faktoren für das Kassaprodukt und den Future gleich sind und ansonsten Arbitragemöglichkeiten bestehen würden.[203] Die Basis nimmt im Zeitablauf tendenziell ab; dieser Effekt wird als Basiskonvergenz bezeichnet. In der folgenden Abbildung wird die Basiskonvergenz graphisch veranschaulicht.

Basiskonvergenz;

Konvergenz von Preisen am Kassamarkt und am Futuresmarkt:

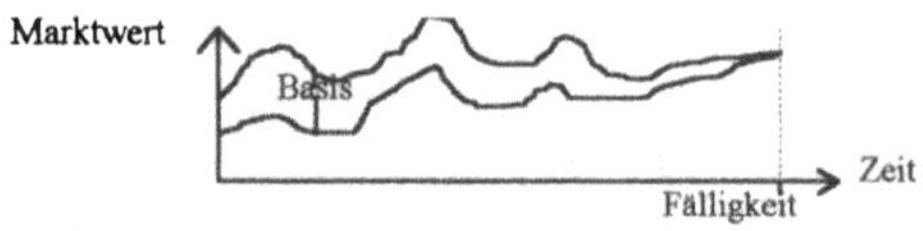

Abbildung 5.14. Konvergenz der Basis bis zur Fälligkeit

Das Prinzip der **Basiskonvergenz** ist beim Einsatz von Zinsfutures zu beachten:

- Falls die Zinsstrukturkurve eine positive Steigung hat und damit der Kassapreis über dem Futurespreis liegt[204], steigt der Terminkontraktpreis relativ zum Kassakurs, womit ein Long-Hedge durch die Basiskonvergenz begünstigt wird.
- Dagegen wird im umgekehrten Fall, bei inverser Zinsstruktur, der Terminkontraktpreis in Relation zum Kassakurs fallen und wodurch ein Short-Hedge profitiert. Bei Glattstellung seiner Position kann der Hedger einen „Zinsgewinn" erzielen, der den Futurespreis unabhängig von der sonstigen Marktentwicklung positiv verändert.

Wenn man nun berücksichtigt, daß der Grad der Basisannäherung wächst, je näher der Fälligkeitstermin rückt, kann der Hedger durch geeignete Auswahl des Absicherungsgeschäfts und mit dem richtigen Timing die Wirkung einer für ihn

[203] Vgl. Uhlir (1992b), S. 437.

[204] Falls die langfristigen Zinsen über den kurzfristigen liegen, ergeben sich positive Nettofinanzierungskosten. Der Käufer eines höher verzinslichen langfristigen Kassatitels stellt sich in diesem Fall besser, als der Käufer eines korrespondierenden Futures, der den Kaufpreis zwar erst zum Fälligkeitstermin des Kontraktes überweisen muß, jedoch den vorerst eingesparten Betrag zwischenzeitlich nur zu den niedrigeren Geldmarktzinsen anlegen kann. Damit das Marktgleichgewicht gewährleistet ist, muß der Future mit einem Abschlag zum Kassakurs notiert werden.

vorteilhaften Basiskonvergenz verstärken bzw. die einer für ihn ungünstigen abmildern.[205]

Falls nicht mit einem auf der Kassaposition aufbauenden Zinsfuture abgesichert werden kann (sondern nur mit einem Futureskontrakt, der auf einer unterschiedlichen, aber preisverwandten Basisgröße beruht), erhöht sich das Basisrisiko. Somit muß der Hedger einen Future suchen, dessen Zinsentwicklung mit der seiner Kassaposition möglichst synchron verläuft, d.h. auf Veränderungen von Umfeldbedingungen hinsichtlich Richtung und Ausmaß möglichst wie der Kassakurs reagiert und somit eine möglichst hohe positive Korrelation aufweist (ideal ist ein Korrelationskoeffizient[206] von +1). Es ist zu berücksichtigen, daß sich sowohl Schuldnerbonitäts-, als auch Zinsniveau- und Laufzeitunterschiede zwischen Future und Kassaposition in der Differenz zwischen Futures- und Kassapreis (Basis) niederschlagen. Obwohl mit einem derartigen Cross-Hedge nur selten die spezifischen Risiken der Kassaposition abgesichert werden können, sind sie wegen der starken Korrelation der verschiedenen Zinssätze untereinander erfolgreich einsetzbar.[207]

Bei einem Einsatz der DTB-Instrumente wie BUND- oder BOBL-Future ist v.a. die Laufzeit abzustimmen. Während die Restlaufzeit von Kapitalanlagen der Laufzeit des DTB-Basisinstruments entsprechen sollte, ist bei Krediten die durchschnittliche Laufzeit anzusetzen. Problematisch ist dies bei Tilgungsdarlehen, deren Stand sich während der Laufzeit permanent verändert. Als Hilfsgröße kann hier die durchschnittliche Restlaufzeit verwendet werden.

5.5.3 Kontraktliquidität

Obwohl bei der Kontraktwahl die Minimierung des Basisrisikos im Vordergrund steht, darf die Liquidität als wichtige Nebenbedingung nicht übersehen werden. So ist vor allem bei großen Kontraktpositionen außerdem darauf zu achten, daß ein ausreichend liquider Markt existiert, so daß Transaktionen durchgeführt werden können, ohne das Preisniveau zu beeinflussen. Dies ist der Fall, wenn die laufend gehandelte Volumina und die Zahl der Handelsteilnehmer genügend groß sind. Als Indikator für die

---

[205] Vgl. Pampel (1993), S. 153 f.; Hull (1993), S. 34-36; Wiebke (1991), S. 148; Binkowski/Beeck (1991), S. 81; Zahn (1991), S. 93, 95, 124 f.; Pitts/Fabozzi (1990), S. 283, 304 f., 325.

[206] Der Korrelationskoeffizient von Kassainstrument und Zinsterminkontrakt quantifiziert das Basisrisiko.

[207] Vgl. Palm (1993), S. 135-137; Pampel (1993), S. 154; Zahn (1991), S. 145; Pitts/Fabozzi (1990), S. 284.

Marktliquidität gilt zum einen die Differenz zwischen Geld- und Briefkurs, denn dieser Spread ist auf illiquiden Märkten groß und auf liquiden Märkten geringer. Zum anderen läßt sich die Liquidität auch an den von Terminbörsen veröffentlichten Daten zum Handelsvolumen und zu den noch offenen Positionen messen. Im allgemeinen ist in den näher liegenden Liefermonaten das Handelsvolumen am größten und somit die Gefahr von Preisverfälschungen am geringsten.[208]

5.5.4 Bestimmung der Kontraktfälligkeit

Wegen der unterschiedlichen Zinsschwankungen in den verschiedenen Laufzeitbereichen ist es zweckmäßig, die Restlaufzeit des Kassatitels mit der Laufzeit des Basiswerts des Zinsfutures abzustimmen:
Kurzfristige bzw. variabel verzinsliche Forderungen und Verbindlichkeiten sollten mit Futures auf kurzfristige Kassatitel bzw. Futures auf variabel verzinsliche Titel abgesichert werden. Umgekehrt sollten bei langfristigen, festverzinslichen Aktiva und Passiva Zinsfutures auf langfristige, festverzinsliche Titel gewählt werden.[209]

Nach der Festlegung des Futurekontraktes ist dessen Fälligkeit zu bestimmen. Da für jede Kontraktart mehrere Verfalltermine existieren, ist der geeignetste auszuwählen. Da meist keine effektive Erfüllung, d.h. Lieferung bzw. Abnahme des Basisinstruments gewünscht wird, muß eine Glattstellung möglich sein. Dies bedeutet, daß die Fälligkeit des Futures nach dem Eintrittszeitpunkt des abzusichernden Kassageschäfts liegen sollte.[210] In der Praxis gilt folgende Regel: Ein Zinsfuture sollte nicht während seines Fälligkeitsmonats gehalten werden, weil die Futurespreise im Liefermonat oft sehr großen unerwarteten Schwankungen unterliegen, bis die Basis bei Fälligkeit schließlich gegen Null konvergiert. In der Regel ist deshalb ein Future zu wählen, der kurz nach dem Ende des Absicherungszeitraums fällig wird.

Es ist außerdem zu berücksichtigen, daß bei positiver Basis, d. h. falls der Kassapreis unter dem Terminmarktpreis liegt, Long-Hedges mit weit entfernten Kontraktfälligkeiten gewählt werden sollten, Short-Hedges dagegen mit bald fälligen

[208] Vgl. Uhlir (1992b), S. 437; Büschgen (1988), S. 90 f.; Figlewski (1985), S. 48 f.; Nowak (1984), S. 1136.
[209] Vgl. Börsenzeitung (23.02.1994); Pitts/Fabozzi (1990), S. 32.
[210] Eventuell ist eine Serie aufeinanderfolgender Kontrakte erfoderlich.

Kontrakten.[211] Umgekehrtes gilt, wenn der Kassapreis über dem Terminkontraktpreis (negative Basis) liegt. Um die Effekte der Basiskonvergenz auszuschließen, dürfte dabei ein Zeitraum von drei bis vier Wochen ausreichen.[212]

5.5.5 Ansätze zur Ermittlung der optimalen Anzahl von Futureskontrakten

Nachdem für die Begrenzung des ZÄRs eine liquide und möglichst hoch korrelierte Zinsfuturesposition bestimmt und die Liefertermine ausgewählt wurden, muß als nächstes die Anzahl der im Verhältnis zur Kassaposition zu kaufenden bzw. zu verkaufenden Terminkontrakte, d. h. die Hedge Ratio, bestimmt werden. Die Hedge-Ratio, die das Risiko aus der Kassaposition am stärksten reduziert, wird als optimale Hedge-Ratio bezeichnet. Dabei müssen zur Bestimmung der optimalen Kontraktanzahl der Nominalwert, die Laufzeit und die Zinsreagibilität von Terminkontrakt und Grundgeschäft berücksichtigt werden, denn die errechnete Hedge-Ratio soll das Verhältnis der erwarteten Preisänderung des Grundgeschäfts zur Preisänderung des Terminkontraktes darstellen. Um die Kontraktanzahl zu erhalten, wird das Nennwertäquivalent mit der Hedge-Ratio multipliziert. Da nur ganze Kontrakte disponiert werden können, wird die errechnete Kontraktanzahl gegebenenfalls auf ganze Kontrakte abgerundet, weil mit fortschreitender Zeit die Anzahl tendenziell reduziert werden muß. Somit können auch die Ansprüche auf Exaktheit der Rechnung zurückgenommen werden, da durch Runden die Vorteile der sehr genauen Berechnung kaum zum Tragen kommen. Falls die zu disponierende Kontraktanzahl relativ klein ist, können Rundungen auch zu einer äußerst geringen Hedgeeffizienz führen.

Je nach der Laufzeit der Zinstitel, die den Futures zugrundeliegen, ist zwischen Titeln im kurzfristigen (Laufzeiten bis einschließlich ein Jahr) sowie im mittel- und langfristigen Bereich zu unterscheiden. Dies ist erforderlich, weil mittel- und langfristige Wertpapiere einen Kupon tragen und die Höhe der durch die Zinsänderung verursachten Kursveränderung entscheidend von der Höhe und zeitlichen Struktur dieser nominellen Kuponzahlungen abhängt. Dagegen besteht die Zahlungsreihe eines

[211] Bis zur Kontraktfälligkeit gleicht sich der Terminmarktpreis dem Kassapreis an, d. h. er sinkt relativ zum Kassapreis, was sich bei einem Short-Hedge zwar positiv auswirkt, jedoch bei einem Long-Hedge negative Auswirkungen hat.

[212] Vgl. Hull (1993), S. 36; Wörner (1988), S. 187 f.; Büschgen (1988), S. 101 f.; Nowak (1984), S. 1136.

kurzfristigen Zinstitels ohne Kupons nur aus den jeweiligen Zahlungen am Anfang und am Ende des Festlegungszeitraumes.[213]

5.5.5.1 Kurzfristiger Bereich

Im kurzfristigen Bereich gibt es eine Reihe von Ansätzen zur Bestimmung der optimalen Kontraktanzahl. Die optimale Strategie läßt sich - wie bei allen Planungsproblemen - nur ex post feststellen.

Beispiel 5.3.-1 Optimale Kontraktanzahl „ex post“

In 90 Tagen soll eine Kreditfinanzierung für die folgenden 6 Monate über DM 10 Mio. erfolgen. Die Begrenzung des Zinsänderungsrisikos aus steigenden Zinsen soll dabei mit Hilfe des Dreimonats-Euromark-Future erfolgen.

Die Ausgangsdaten lauten:

Finanzierungsbedarf	DM 10 Mio.
Vorlaufzeit	90 Tage
Finanzierungslaufzeit	6 Monate

Die Eckdaten des Futures sind:

Notierungen Future/Kreditzins	bei Abschluß	in 90 Tagen
Kurs Future (3-Monats-Euro-DM-Zinssatz)	92,00 (8,0 %)	91,00 (9,0 %)
relevante Kreditzinsen	91,50 (8,5 %)	90,50 (9,5 %)

Die Tickgröße des Futures beträgt 25 DM.

Die richtige Kontraktanzahl errechnet sich nachträglich folgendermaßen:[214]

Wertänderung in der (ungesicherten) Kassaposition:

(90,50-91,50) * DM 10 Mio. * 180/360 * 100 = - DM 50.000,00 (Zinsmehraufwand)

Wert der Kursänderung eines Terminkontraktes:

(92,00-91,00) * 100 * DM 25,00 = DM 2.500,00 (Terminkontraktgewinn)

[213] Vgl. Dubofsky (1992), S. 392, 521 f.; Uhlir (1992b), S. 439; Pitts/Fabozzi (1990), S. 322; Fitzgerald (1990), S. 130; Büschgen (1988), S. 96; Palm (1984), S. 173.
[214] Vereinfachend wird mit 180 Tagen = 6 Monate (anstelle mit act/360) gerechnet.

⇒ Optimale Kontraktanzahl: 20 Kontrakte ≙ DM 50.000,00 / DM 2.500,00.

Da der Nennwert des Dreimonats-Euromark-Future auf 1 Mio. DM lautet, wurde eine Futuresposition über insgesamt 20 Mio. DM eingegangen, um einen Kredit über 10 Mio. DM abzusichern. Dieser Unterschied ist das Resultat der unterschiedlichen Laufzeiten (3 Monate zu 6 Monate)!

Zur Handhabung des Absicherungsproblems ex ante wurden Näherungslösungen entwickelt: Nominalwert-Hedge, Preis-Matching-Hedge, Laufzeitansatz und Regressionsansatz.

Grundsätzlich besteht bei DTB-Futures das Problem, daß eine Laufzeitlücke zwischen 3 Monaten und 2 Jahren besteht. Hier ist der Hedger darauf angewiesen, daß die Zinsveränderungen in diesem Laufzeitenband ähnlich verlaufen.

5.5.5.1.1 Nominalwert-Hedge

Um die Anzahl der notwendigen Futureskontrakte zu ermitteln wird der Nominalwert der zu hedgenden Kassaposition durch den Kontraktwert des Futures dividiert. Beim reinen Nominalwert-Hedge wird unterstellt, daß die Preisveränderungen des Kassatitels und des Zinsfutures identisch sind und somit die Hedge-Ratio gleich eins ist. Deshalb bezeichnet man diesen Ansatz auch als "Naiven Ansatz".

Beispiel 5.3.-2 Nominalwert-Hedge[215]

Es sind 10 Kontrakte (DM 10 Mio. / DM 1 Mio.) zu verkaufen. Im Ergebnis steht einem Zinsmehraufwand von DM 50.000 nur ein Gewinn aus dem Termingeschäft von DM 25.000 (DM 2.500 * 10) gegenüber, was einem Sicherungseffekt von 50 % entspricht. Die Wertänderung eines Sechs-Monats-Zinstitels wirkt bei einer Zinsänderung von 1 % ceteris paribus also doppelt so stark wie die eines Drei-Monats-Zinstitels.

[215] Die Daten werden aus Beispiel 5.3.-1 übernommen.

Obwohl die Zinsentwicklung am Kassa- und Terminmarkt gleich war, wurde keine vollständige Sicherung erzielt, da die unterschiedlichen Laufzeiten des Kassa- und Termininstruments nicht in die Rechnung eingehen.

5.5.5.1.2 Preismatching-Hedge

Beim Preismatching-Hedge, der eine Variante des Nominalwert-Hedges darstellt, wird die Annahme aufgegeben, daß die Hedge-Ratio immer gleich eins ist. Es wird stattdessen davon ausgegangen, daß sie von den aktuellen Preisen der Finanztitel abhängt. Um die Hedge-Ratio zu ermitteln, wird deshalb bei dieser Methode der Kassapreis durch den Futurespreis dividiert.

$$\text{Hedge-Ratio} = \frac{\text{Kurswert (Preis) der zu hedgenden Position}}{\text{Kurswert des Future}}$$

Beispiel 5.3.-3 Preismatching-Hedge[216]

Es ergeben sich ebenfalls 10 Kontrakte:

DM 10 Mio. / DM 1 Mio. * 91,50/92,00 = 9,95

Dabei wird unterstellt, daß das Preisverhältnis ein geeigneter Indikator für das Verhältnis zukünftiger Preisveränderungen von Kassa- und Futurestiteln ist. Diese Annahme führt jedoch meist, genauso wie der Nominalwert-Hedge, zu unbefriedigenden Ergebnissen.

5.5.5.1.3 Laufzeitansatz

Da die zinsinduzierten Preisänderungen von Kassa- und Terminkontraktposition mit der Laufzeit variieren, muß diese unterschiedliche Laufzeit berücksichtigt werden.

Im unterjährigen Bereich verlaufen die Preisänderungen ungefähr proportional zu den unterschiedlichen Laufzeiten der Kontrakte, daher können die Positionen linear aufeinander abgestimmt werden. Falls die Restlaufzeit der Kassamarktposition höher ist als die Futureslaufzeit, sind mehr Futureskontrakte nötig, umgekehrt genügen

---

[216] Die Daten werden aus Beispiel 5.3.-1 übernommen.

entsprechend weniger Kontrakte, wenn das abzusichernde Geschäft eine kürzere Restlaufzeit hat. Um zu erreichen, daß z. B. eine 1-%ige Marktzinsänderung zu entgegengesetzten, aber identischen Geldwertänderungen von Zinsfuture und abzusichernder Kassaposition führt, wird das Nennwert- oder Marktwertäquivalent mit dem Quotienten aus der Laufzeit der Kassaposition und der Laufzeit des zugrundeliegenden Zinstitels multipliziert:

$$\text{Kontraktanzahl} = \frac{\text{Nennbetrag der Kassaposition}}{\text{Nennbetrag des Terminkontraktes}} * \frac{\text{Laufzeit des Kassainstruments}}{\text{Laufzeit des Terminkontraktes}}$$

Beispiel 5.3.-4 Laufzeitenansatz[217]

Mit dem Laufzeitenansatz ergeben sich 20 Kontrakte:

DM 10 Mio. / DM 1 Mio. * 180 Tage / 90 Tage = 20

5.5.5.1.4 Regressionsansatz

Falls sich die Zinsen von abzusichernder Kassaposition und Zinsfuture wie bisher im Beispiel dargestellt mit der selben Rate verändern, genügen für die Berechnung der optimalen Kontraktzahl die Anpassungen für Nominalwert, Preis und Laufzeit. Jedoch werden die hervorgerufenen Preisänderungen bei beiden Positionen in der Regel nicht gleich sein, da kaum eine 100-%ige Korrelation zwischen den jeweiligen Zinssätzen herrscht. Deshalb ist es erforderlich, bei der Bestimmung der Hedge-Ratio die relative Reagibilität von Kassa- und Terminkontraktposition zu quantifizieren und zu berücksichtigen.

Der Regressionsansatz, der sich aus der modernen Portfoliotheorie abgeleitet hat, entwickelt[218] versucht dies umzusetzen. Es muß jedoch berücksichtigt werden, daß das Ergebnis von der Datenqualität sowie der verwendeten Methode der Regressionsanalyse abhängig ist und mit Daten der Vergangenheit berechnet wurde, weshalb er den zukünftigen Zusammenhang zwischen den Kursen der Kassa- und Futurespositionen nicht exakt widerspiegeln kann. Außerdem ist der Regressionsansatz prinzipiell nur zur Absicherung von Einzelpositionen ("micro hedge") geeignet, da es zur Absicherung von Gesamtpositionen ("macro hedge") i.d.R. wegen der

---

[217] Die Daten werden aus Beispiel 5.3.-1 übernommen.

[218] Das Ziel der modernen Portfoliotheorie ist die Minimierung des Preisrisikos bei jedem möglichen Renditeniveau mithilfe einer geschickten Diversifikation der im Portfolio enthaltenen Finanztitel.

"Einmaligkeit" der Zahlungsreihe kaum möglich ist, die Hedge-Ratio empirisch mittels einer Regression zu bestimmen.

5.5.5.2 Mittel- und langfristiger Bereich

Falls mittel- und langfristige Zinstitel zugrundeliegen, müssen Kuponstrukturen (Anzahl, Höhe und Termine der Zahlungen), Risikostrukturen sowie Renditekurven von Kassa- und Termininstrument mit berücksichtigt werden.

Die bereits beschriebenen Ansätze sind somit für den mittel- und langfristigen Bereich nur eingeschränkt geeignet bzw. müssen ergänzt werden. Die hierfür entwickelten Methoden berechnen die Kontraktanzahl aus der Multiplikation des Quotienten der Nennwerte bzw. Marktwerte von Kassa- und Futurestitel mit der jeweiligen Hedge-Ratio. Die Hedge-Ratio stellt dabei grundsätzlich das Verhältnis der Volatilität des abzusichernden Kassatitels zur Volatilität des Zinsfutures darstellt.

Trotz der Vielzahl von Verfahren[219] liefert jedoch keines überzeugende Ergebnisse: Ein perfekter Ausgleich der Wertänderungen von Future- und Kassaposition gelingt in der Regel nicht.[220]

---

[219] Zu den Verfahren vgl. z.B. Bruns/Meyer-Bullerdiek(1996), S. 307 ff.; Pampel(1994), S. 166 ff.
[220] Vgl. Beike/Köhler(1997), S.34.

5.6 Hedginggrundpositionen in Zinsoptionen

Durch den Basispreis von Optionen wird ein bestimmter Zinssatz festgeschrieben. Somit können mittels Zinsoptionen bestehende Kreditkosten bzw. Zinseinnahmen sowie die geplante Vornahme von Kassageschäften gegen ZÄRen abgesichert werden. Je nach Wirkung einer Zinsänderung auf den Wert einer Zinsoption ergeben sich verschiedene Hedgingpositionen.[221]

Anders als beim reinen Futures-Hedge erhält sich der Hedger bei einer Absicherung mittels gekauften Optionen (auf Futures) die Chance, falls sich die Zinsen anders als erwartet entwickeln, an für ihn positiven Erfolgspotentialen teilzuhaben,.

Beim Hedging mit Optionen gibst es vier Grundpositionen, die nachfolgend dargestellt werden. Falls sich steigende Zinsen negativ auf sein Ergebnis auswirken, sollte der Hedger

- Put-Optionen kaufen oder
- Call-Optionen verkaufen sollte

Falls seine Position durch sinkende Zinsen an Wert verliert, sollten

- Call-Optionen gekauft oder
- Put-Optionen verkauft werden.

Neben diesen einfachen Strategien gibt es eine Vielzahl von Kombinationen.[222]

5.6.1 Kauf von Kaufoptionen (Long Call)

Bei sinkenden Zinssätzen steigen die relevanten Kassa- und Terminkurse an und es erhöht sich somit der Wert einer Kaufoption. Gegen sinkende Zinssätze können zur Absicherung einer variabel verzinslichen Aktivposition, festverzinslichen Passivposition oder einer geplanten Anlage Kaufoptionen gekauft werden. Es entsteht eine Long-Call-Position.

Falls am Fälligkeitstag der aktuelle Kurs des Basiswertes über dem Basispreis liegt, ist eine Optionsausübung wirtschaftlich, weil sie dann über einen inneren Wert verfügt. Um

[221] Die Hedginggrundpositionen werden u.a. dargestellt in: Zahn (1991),S. 378-382; Pitts/Fabozzi (1990), S. 78-102; 355-361; Aschinger (1993); Beilner/Schoess (1991), S. 380 f.; Eilenberger (1996), S. 238; Büschgen (1988), S. 131 f.

[222] Die an der DTB standardisierten Kombinationen sind dargestellt in: DTB(1993).

bei einer Glattstellung einen Gewinn zu erzielen, muß der aktuelle Preis der Option größer sein als die gezahlte Optionsprämie. Mit der Ausübung einer Kaufoption auf Zinsterminkontrakte entsteht ein Long-Hedge aus Zinsterminkontrakten. Der Wertverlust der Kassaposition kann mit dem inneren Wert der Option ausgeglichen werden, wobei etwaige Abweichungen in der Wertänderung dem Basisrisiko zuzuschreiben sind.

Wenn aufgrund gestiegener Zinssätze der Kurs des Basiswertes unterhalb den Basiskurs gesunken ist, ist die Optionsausübung unwirtschaftlich, der Käufer wird seine Kaufoption verfallen lassen und kann wegen der gestiegenen Zinssätze von der vorteilhaften Wertentwicklung seiner Kassaposition in vollem Umfang profitieren. Dabei wird sein Gewinn nur durch die gezahlte Optionsprämie geschmälert wird.

Somit ist der Long Call quasi eine "Versicherung" gegen sinkende Zinsen und damit steigende Kurse, was insbesondere dann attraktiv ist, wenn grundsätzlich sinkende Zinsen befürchtet werden, aber auch steigende Zinsen nicht ausgeschlossen werden. Ab welchem Zinsniveau bzw. Zinsterminkurs ein innerer Wert zur Verminderung des Verlustes aus der Kassaposition entsteht, hängt von der Höhe des gewählten Basispreises ab. Je höher der Basispreis ist, desto niedriger ist die zu zahlende Optionsprämie; desto später wird jedoch auch die Option gewinnbringend sein, d. h. einen inneren Wert haben und somit "in the money" sein.

5.6.2 Verkauf von Kaufoptionen (Short Call)

Im Gegensatz zum Long Call wird beim Short Call die Optionsprämie aus dem Verkauf von Kaufoptionen eingenommen. Dadurch kann der bei steigenden Zinssätzen entstehende Verlust bei einer festverzinslichen Aktivposition, variabel verzinslichen Passivposition oder geplanten Mittelanlage verringert werden. Das Hedgingergebnis ist wiederum von der Höhe der Zinsänderung abhängig.

Jedoch kann der Optionsverkäufer von sinkenden Zinsen nur solange profitieren, wie die Käufer ihre Kaufoption nicht ausüben. Denn falls die Option ausgeübt wird, neutralisiert die entgegengerichtete Veränderung der Hedgingposition jede positive Veränderung der Kassaposition, wodurch nur der zusätzliche Ertrag aus der Optionsprämie bleibt.

Ideal wäre für den Optionsschreiber also, wenn der Kurs des Basiswertes am Verfalltag genau dem Basispreis entsprechen würde. Dann würde die Option nicht ausgeübt, er hätte die Optionsprämie vereinnahmt und sein Kassatitel hätte keine Wertverluste zu erleiden. Für einen Short Call wird sich der Hedger dann entscheiden, wenn er mit lediglich sehr schwach fallenden oder gleichbleibenden Zinsen rechnet.[223]

5.6.3 Kauf von Verkaufsoptionen (Long Put)

Gegen steigende Zinssätze kann zur Absicherung einer festverzinslichen Aktivposition, variabel verzinslichen Passivposition oder geplanten Mittelaufnahme auch eine Verkaufsoption gekauft werden. Falls die Zinssätze bis zur Optionsfälligkeit gestiegen sind, kann durch die Ausübung der Verkaufsoption mit einem dann positiven inneren Wert die negative Wertänderung der Kassaposition ganz oder teilweise ausgeglichen werden. Falls die Zinssätze nachgeben, kann der Käufer sein Verkaufsrecht verfallen lassen und von der vorteilhaften Wertentwicklung seiner Kassaposition profitieren.

5.6.4 Verkauf von Verkaufsoptionen (Short Put)

Eine nachteilige Veränderung einer festverzinslichen Passivposition, variabel verzinslichen Aktivposition oder geplanten Anlage aufgrund sinkender Zinsen kann auch mit Hilfe der erhaltenen Optionsprämie aus einer verkauften Verkaufsoption vermindert werden. Falls die Zinsen nur wenig sinken und somit die Kurse nur wenig steigen, werden Wertverluste der abgesicherten Kassaposition zumindest zum Teil ausgeglichen. Andererseits wird der Optionsverkäufer von einer für die Kassaposition vorteilhaften Zinssteigerung nur solange profitieren, wie der Käufer sein Optionsrecht nicht ausübt. Weil es für den Optionskäufer aber wirtschaftlich ist, seine Put-Option bei Kursen unterhalb des Basiskurses auszuüben, wird die positive Wertänderung durch die Verluste aus dem Put kompensiert. Seinem dabei entgangenen Gewinn steht jedoch die erhaltene Optionsprämie entgegen.

[223] Falls dabei die Basispreise "out-of-the money", d. h. unterhalb der aktuellen Kurse liegen, ist zwar eine Optionsausübung weniger wahrscheinlich, jedoch sinken damit auch die vereinnahmten Optionsprämien.

5.6.5 Collars

Neben diesen vier Grundstrategien gibt es zahlreiche Variationen und Kombinationen mit Optionen. So wird beispielsweise zur Reduzierung der gezahlten Optionspreise bei der Absicherung gegen steigende Zinsen bzw. fallende Kurse häufig ein out-of-the money Long Put mit einem out-of-the money Short Call zu einem Long Collar kombiniert und somit das Risiko aus Zinsänderungen nach oben und unten begrenzt. Analog kann der Hedger zur Absicherung gegen sinkende Zinsen und damit steigende Kurse out-of-the money Calls kaufen und out-of-the money Puts verkaufen, wodurch er einerseits seinen potentiellen Verlust bei Kurssteigerungen begrenzt und andererseits seine Gewinnchancen bei sinkenden Kursen limitiert.

Zwischen dem niedrigeren Basispreis des Puts und dem höheren Basispreis des Calls wird so eine Bandbreite von möglichen Kursen geschaffen, innerhalb der sich der Abrechnungspreis je nach Kursentwicklung frei bewegt. Mit dem Collar kann somit das Preisrisiko auf die gesteckte Bandbreite begrenzt werden; gleichzeitig wird die Optionsprämie aus dem Optionskauf durch die erhaltene Prämie aus dem Optionsverkauf gemindert. Der Hedger wird diese Absicherungsart wählen, wenn er sich vor den Folgen von für ihn ungünstigen Preisentwicklungen schützen und gleichzeitig auch von einer eventuell günstigen Zinsentwicklung profitieren will, jedoch die Höhe der Optionsprämie begrenzen möchte.

5.7 Arbeitsschritte beim Hedging mit Zinsoptionen

Bevor Hedger Optionsgeschäfte tätigen, müssen sie wie beim Hedging mit Futures einige vorausgehende Schritte beachten. So muß zuerst der geeignetste Zinsoptionskontrakt bestimmt werden. Dabei sind verschiedene Faktoren zu berücksichtigen, wie der Preis, die Liquidität und die Korrelation mit dem abzusichernden Titel.[224]

Im folgenden wird kurz in das Hedging mit Optionen auf Zinsterminkontrakte eingeführt, da damit die an der DTB gehandelten Zinsoptionen erfaßt werden. Davon zu trennen ist das Hedgen mit Optionen auf Kassainstrumente.[225]

Um die aufgrund von Zinsänderungen entstandenen negativen Preis- und Kursschwankungen auszugleichen, muß eine hinsichtlich ihrer Wertänderung spiegelbildliche Hedgingposition aufgebaut werden. Dabei ist zu beachten, daß die Optionsanzahl regelmäßig an sich ändernde Kurse angepaßt wird und/oder verschiedene Hedginggrundpositionen einbezogen werden.

Die optimale Anzahl von Optionskontrakten auf Zinsfutures wird wie bei reinen Futures-Hedges bestimmt, jedoch muß sie noch um den **Delta-Koeffizienten** korrigiert werden, weil dieser die unterschiedlichen absoluten Kursveränderungen zwischen einer Zinsterminoption und dem zugrundeliegenden Terminkontrakt ausgleicht. Da die erwarteten Optionspreisveränderungen die Hedgingeffektivität bestimmen, wird mithilfe des Deltas der erworbenen oder verkauften Zinsoption errechnet, in welchem Verhältnis die zu sichernde Kassaposition und die Optionsposition zueinander stehen müssen, damit Wertverluste der Kassaposition durch den Wertzuwachs der Optionsposition aufgefangen werden können.[226]

"Der Delta-Faktor mißt die Veränderung des Optionspreises bei einer Kursschwankung des Basiswertes um eine Einheit".[227] Er wird als das Verhältnis der absoluten Kursvolatilität der Option zur absoluten Kursvolatilität des zugrundeliegenden

---

[224] Falls die Optionsposition möglicherweise vor Verfall glattgestellt werden sollte, ist darauf zu achten, daß genügend Marktliquidität vorhanden ist, damit nicht die Gefahr besteht, daß eine Glattstellung teuerer wird als erwartet. Außerdem müssen die Finanztitel möglichst starkt korreliert sein, denn je höher die Korrelation, desto genauer und sicherer kann das Hedgingergebnis bestimmt werden.

[225] Vgl. hierzu z.B. Eller (1991), S. 326; Pitts/Fabozzi (1990), S. 378 f.

[226] Vgl. Perridon/Steiner (1997), S. 180; Hull (1993), S. 298-301; Büschgen (1988), S. 140. Optionsdelta = Veränderung des Optionswertes / Kursveränderung des Basiswertes

[227] Zahn (1991), S. 147.

Finanztitels ermittelt. Um sicherzustellen, daß die absolute Kursbeweglichkeit der beiden Positionen des Hedge gleich hoch ist, wird die ermittelte Anzahl der Zinsfutures durch den Delta-Faktor dividiert bzw. mit dem Delta-Koeffizienten[228] multipliziert:

Anzahl Optionen auf Zinsterminkontrakte =
ermittelte Anzahl Zinsterminkontrakte * Delta-Koeffizient

Ein Delta von z.B. 0,3 gibt an, daß sich der Optionswert um 0,3 Einheiten ändert, bei einer Änderung des zugrundeliegenden Basiswerts um eine Einheit. Bei Long Calls sowie Short Puts ist der Delta-Faktor immer positiv und reicht von 0 bis +1: Wenn der Kurs des zugrundeliegenden Zinstitels bei fallenden Renditen steigt, dann steigt auch der Wert der Option. Im Gegensatz dazu ist der Delta-Faktor einer gekauften Verkaufsoption sowie einer verkauften Kaufoption immer negativ und reicht von -1 bis 0, weil mit steigenden Kursen der Wert der Option fällt. Dabei liegt das Delta von Optionen, die tief "in-the money" liegen, nahe bei 1 bzw. -1 und dasjenige von Optionen weit "out-of-the money" nahe 0. Das Delta von "at-the money" Optionen bei ca. 0,5 liegt. Folgende Abbildung zeigt die wechselnden Deltas von Calls und Puts bei gegebenem Marktpreis:[229]

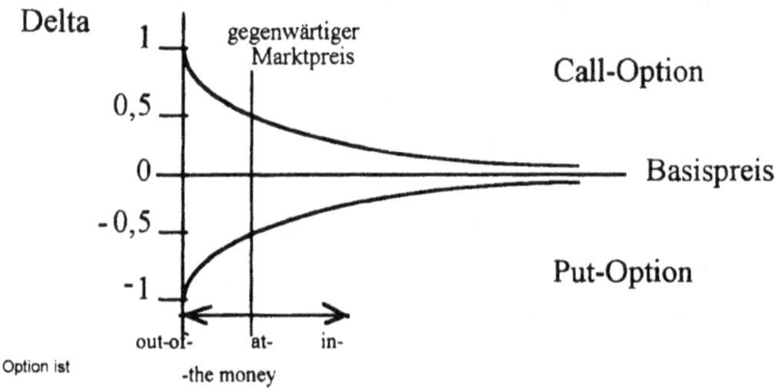

Abbildung 5.15. Wechselnde Deltas von Calls und Puts bei gegebenem Marktpreis

Die Berechnung des Delta erfolgt mit historischen Kursen, wobei berücksichtigt werden muß, daß sich das Delta und somit das kurzfristige Gewinn- und Verlustpotential je nach Volatilität und Laufzeit verändert. Mit steigender Restlaufzeit sinkt der Delta-Faktor einer in-the money Option, während das Delta einer out-of-the money Option anzieht. Außerdem drückt eine steigende Volatilität des Basiswertes die Delta-Faktoren von out-of-the money Optionen nach oben und die von in-the money Optionen nach

[228] Delta-Koeffizient = PVBP des Barwertes / PVBP der Option. Siehe auch Gliederungspunkt 5.4.2.3
[229] Eilenberger (1996), S. 68; Eller (1991), S. 326.

unten und umgekehrt bei sinkender Volatilität. Dies wirkt sich um so stärker aus, je länger die Restlaufzeit ist.

Aufgrund des sich verändernden Delta ist bei einer auf dem Options-Delta basierenden Hedgingstrategie eine ständige Anpassung der Hedgingposition durch Zu- oder Verkaufen von Optionen nötig. Um das ständige Anpassen der Optionsposition und die damit verbundenen Transaktionskosten zu vermeiden, wurde der **Gamma-Hedge** entwickelt. Weil das Gamma (= Veränderung des Delta / Kursveränderung des Basiswertes) das Verhältnis der zu erwartenden Veränderung des Delta zu einer infinitesimalen Kursbewegung des Basiswertes mißt, läßt sich die Stabilität eines Delta-Hedge bewerten und eine gegebenenfalls erforderliche Anpassung der Hedge-Ratio überwachen. Z. B. wird mit einem Delta von 0,50 sowie einem Gamma von 0,01 bei einer Veränderung des Basiswertes um eine Einheit der Delta-Faktor auf 0,51 steigen bzw. auf 0,49 fallen. Somit muß die ermittelte Anzahl der Futureskontrakte durch die Summe aus Delta und Gamma dividiert werden:

Anzahl Zinsoptionen =
ermittelte Anzahl von Futureskontrakten * 1 / (Delta-Faktor + Gamma)

Die Gammas eines Long Call oder Long Put sind immer positiv, während die Gammas von verkauften Optionen immer negativ sind. Die höchsten Gammawerte und damit ein hoher Konvexitätsgrad des Optionspreises ergibt sich bei at-the money Optionen mit kurzer Restlaufzeit.[230]

Um das Delta einer Hedgingposition konstant zu halten, könnte jeweils die gleiche Anzahl Long und Short Call- oder Putpositionen eingegangen werden. Somit würde die Summe aller involvierten Gammawerte null ergeben, womit das Delta der gesamten Hedgingposition nicht durch Kursschwankungen des Basiswertes beeinflußt wird. Aber auch ein solcher Gamma-Hedge muß überwacht und gelegentlich angepaßt werden, weil das Gamma ebenfalls, wenn auch deutlich geringer, durch eine abnehmende Restlaufzeit und Kursänderungen des Basiswertes beeinflußt wird. Der Hauptgrund für die sehr geringe Praxisrelevanz ist jedoch die beim Gamma-Hedging verhältnismäßig große Anzahl von Optionen und die somit hohen Transaktionskosten.[231]

[230] Eilenberger (1993), S. 133; Zahn (1991), S. 174; Hull (1993), S. 310-313.

[231] Die Deltawerte der gekauften und verkauften Optionen kompensieren sich aufgrund der entgegengesetzten Vorzeichen teilweise, wodurch ein sehr niedriger Delta-Faktor und damit ein sehr großer Delta-Koeffizient (als Hedge-Ratio) entsteht.

6 Ausblick

Viele mittelständische Unternehmen verfolgen heute noch eine sehr konservative Finanzierungspolitik. Neben den klassischen Festzinsdarlehen der Banken[232] wird zumeist als Alternative noch Leasing in Betracht gezogen. Das Ausnutzen moderner Instrumente zur Zinsabsicherung spielt hingegen noch eine untergeordnete Rolle.

Eine wesentliche Ursache dafür liegt sicherlich in der schwierigen Handhabung dieser Instrumente, die ein beträchtliches Know how erfordert. In vielen Unternehmen ist das dafür erforderliche Wissen nicht vorhanden. Die Geschäfte mit Derivaten beinhalten häufig die gleichen Risiken wie die ihnen zugrundeliegenden Finanzgeschäfte. Nur der permanente Umgang mit diesen Instrumenten verhilft zum notwendigen Spezialwissen und zu der Erfahrung, die für einen zielgerichteten Einsatz erforderlich sind. Kreative „Risikomanager" müssen sich ständig über die Zinsentwicklung sowie über Neuerungen im Absicherungsbereich informieren. Für die Mehrzahl der Unternehmen ist der diesbezügliche Rüstaufwand zu hoch: Gefordert ist in diesen Fällen der Partner in Sachen „Geld und Kapital": das Kreditinstitut.

Eine wesentlicher Faktor für die Durchsetzung derivativer Instrumente am Markt ist das Beratungsverhalten der Kreditinstitute: Ein erfolgreiches Zinsmanagement bedarf einer hohen Beratungsintensität, die letztendlich vom Kunden bezahlt werden muß. Zum Ausgleich ihrer Kosten benötigen die Kreditinstitute daher ein hohes Geschäftsvolumen mit einem Kunden oder - bei kleineren Beträgen - entsprechende Margen oder Gebühren.

Ein vermehrtes Know how in den Unternehmen verbunden mit einer steigenden Nachfrage kann sicher zu einem Prozeß führen, der vielen Unternehmen den Weg in ein erfolgreiches, ergebnisoptimierendes Finanzmanagement weist. Es bleibt abzuwarten, inwieweit der „Euro" auf diesem Feld für einen verstärkten Wettbewerb und eine höhere Markttransparenz sorgt. Die dargestellten Zinsinstrumente sind jedenfalls auf die neue Währung vollständig übertragbar.

232 Zu den Hintergründen und der Bedeutung von Festzinsdarlehen siehe Tippelskirch(1997), S. 4

Abkürzungsverzeichnis

DTB	Deutsche Terminbörse
FIBOR	Frankfurt Interbank offered Rate
FRA	Forward Rate Agreement
FV	Fair Value
LIBOR	London Interbank offered Rate
OTC	over the counter
PVBP	Price Value of a Basis Point
ZÄR	Zinsänderungsrisiko

Literaturverzeichnis

Achleitner, Ann-Kristin / Thoma, Georg F., Hrsg. (1997): Handbuch Corporate Finance, Köln 1997.

Aschinger, Gerhard (1983): Optionspreisbestimmung und Portfolio-Insurance, in: WiSt. , Heft 1/1993, S. 2 - 8.

Bangert, Michael (1987): Zinsrisiko-Management in Banken, Wiesbaden 1987.

Bartsch, Michael (1987): Der Rentenoptionshandel, in: ZfgK, Heft 2, 1987, S. 59 - 61.

Baxmann, Ulf G. (1991a): Volatilität, in: Die Betriebswirtschaft, 51. Jg. 1991, S. 251 - 253.

Baxmann, Ulf G. (1991b): Zur Optionsentwicklung in der Bundesrepublik Deutschland, in: Die Bank, Heft 9, 1991, S. 494 - 498 .

Baxmann, Ulf G. / Weichsler, Christoph (1991): Überlegungen zur Systematisierung von Finanzmärkten, in: WiSt., Heft 11, 1991, S. 546 - 552.

Baxmann, Ulf G. / Weichsler, Christoph (1993): Finanz- und Risikomanagement unter besonderer Berücksichtigung von Finanzderivaten, in: WiSt., Heft 1, 1993, S. 9 - 14.

Bayerische Vereinsbank AG (1994a), Mitarbeiterzeitung Per Saldo (eig. Ber.): Wer begrenzt die Risiken im Derivatgeschäft?, Quelle: SZ Nr. 194, vom 24.08.1994, in: Per Saldo, Heft 4, 1994, S. 4.

Bayerische Vereinsbank AG (1994b), Mitarbeiterzeitung Per Saldo (eig. Ber.), Interview: "Zaubern können wir mit den Derivaten allerdings nicht...",Per Saldo, Heft 4, 1994, S. 3 - 4.

Bayerische Vereinsbank AG, Hrsg. (1995), Broschüre: Zinsrisikomanagement, 2. Aufl., München 1995.

Beike, Rolf / Köhler, Andreas (1997): Risk-Management mit Finanzderivaten, München/Wien 1997

Beilner, Thomas / Mathes, Heinz D. (1990): DTB Bund-Futures: Bewertung und Anwendung, in: Die Bank, Heft 8, 1990, S. 449 - 454.

Beilner, Thomas / Schoess, Stephan (1993): Der Typus des Optionärs, in: Die Bank, Heft 6, 1993, S. 338 - 342.

Beilner, Thomas / Schoess, Stephan (1991): DTB-Optionen auf den BUND Futures - Preisgestaltung und Anwendung, in: Die Bank, Heft 7, 1991, S. 374 - 381.

Bessler, Wolfgang (1989): Zinsrisikomanagement in Kreditinstituten, Wiesbaden 1989.

Binkowski, Peter / Beeck, Helmut (1991): Finanzinnovationen, 3. Auflage, Bonn 1995.

Bockelmann, Horst (1994): Derivate-Risiko wenig erforscht, in: Handelsblatt vom 13.10.1994.

Börsen-Zeitung (1994): Starke Nachfrage nach Zinsswaps, in: Börsen-Zeitung, 18.08.1994.

Börsig, Clemens / Gassert, Herbert / Prechtl, Manfred , Hrsg. (1996): Neue Finanzierungsinstrumente für Unternehmen, Stuttgart 1996.

Brady, Simon (1992): Bond Options, in: Euromoney Dictionary of Derivatives, Hrsg.: Gibson, Tony, Euromoney Publications Plc., London 1992, S. 5.

Büschgen, Hans E. (1988): Zinstermingeschäfte; Instrumente und Verfahren zur Risikoabsicherung an Finanzmärkten, Frankfurt am Main 1988.

Burger, Klaus-Michael (1989): Finanzinnovationen - Risiken und ihre Bewältigung, Stuttgart 1989.

Bußmann, Johannes (1988): Das Management von Zinsänderungsrisiken: theoretische Ansätze und ihre empirische Überprüfung für den deutschen Rentenmarkt, Diss., Frankfurt am Main 1988.

Citibank AG (1992): OTC-Bond-Options, in: Euromoney Dictionary of Derivatives, Hrsg.: Gibson, Tony, Euromoney Publications Plc., London, 1992, S. 36 - 39.

Coenenberg, Adolf G. (1997): Jahresabschluß und Jahresabschlußanalyse, 16. Aufl., Landsberg/Lech 1997.

Commerzbank AG (1990): Rund um die Börse 1990, Broschüre, November 1990, S. 63 - 67.

Corrigan, Tracy (1992): Europe takes a bigger share, in: Financial Times Survey, Financial Futures and Options, 19.03.1992, S. 31.

Corrigan, Tracy (1991): Where innovation prevails, in: Financial Times Survey, Financial Futures and Options, 13.03.1991, S. 30.

Dattatreya, Ravi E. (1992): Interest Rate Swaps, in: Euromoney Dictionary of Derivatives, Hrsg.: Gibson, Tony, Euromoney Publications Plc., London 1992, S. 31 - 35.

Deutsche Termin Börse GmbH (1994): Produktübersicht Optionen und Futures, Broschüre, DTB GmbH, Frankfurt am Main 06.1994.

Deutsche Termin Börse GmbH (1993): Bund-Future, 1. Aufl., DTB Deutsche Terminbörse GmbH, Frankfurt am Main 09.1990.

Diwald, Hans (1994): Zinsfutures und Zinsoptionen - Erfolgreicher Einsatz an DTB und LIFFE, München 1994.

Dresdner Bank AG (1993): Basisinformationen über Börsentermingeschäfte, Broschüre, Köln 08.1993.

Dresdner Bank AG (1989): Zur Deutschen Terminbörse, Broschüre, Frankfurt am Main 10.1989.

Dubofsky, David A. (1992): Options and Financial Futures, Valuation and Uses, USA 1992.

Eilenberger, Guido (1996): Lexikon der Finanzinnovationen, 3. Aufl., München 1996.

Eller, Roland (1991): Modified Duration und Convexity - Analyse des Zinsrisikos, in: Die Bank, Heft 6, 1991, S. 322 - 326.

Eller, Roland / Spindler, Christian (1994): Zins- und Währungsrisiken optimal managen, Wiesbaden 1994.

Eller, Roland , Hrsg., (1996):Handbuch Derivater Instrumente, Stuttgart 1996.

Eller, Roland (1996a): Strategien mit Finacial Futures, in: Eller(1996), S. 339-373

Fabozzi, Frank J. / Modigliani, Franco (1991): Capital Markets, Institutions and Instruments, Englewood Cliffs, New Jersey 1991.

Figlewski, Stephen (1985): Hedging with financial futures for institutional investors, from theory to practice, Cambridge, Massachusetts 1985.

Fischer, Thomas (1994): Risikomanagement im Investment Banking, in: Die Bank, Heft 11, 1994, S. 636 - 642.

Fitzgerald, M. Desmond (1983): Financial Futures, London 1983.

Fitzgerald, M. Desmond (1987): Financial Options, London 1987.

Fitzgerald, M. Desmond (1990): Pricing and Hedging with Financial Futures, in: Göppl / Bühler / Rosen (1990), S. 113 - 139.

Flach, Uwe E. / Sommer, Daniel (1997): Caps, in: Achleitner / Thoma (1997a), Kapitel 9.6.1

Flach, Uwe E. / Sommer, Daniel (1997): Floors, in: Achleitner / Thoma (1997b), Kapitel 9.6.2

Franke, Günter (1990): Grundlagen der Options- und Futures-Kontrakte, in: Göppl / Bühler / Rosen (1990), S. 43 - 63.

Franke, Jörg (1993): Die Option auf den Bobl-Future bietet neue Möglichkeiten der Risikosteuerung, in: Handelsblatt, 12.01.1993.

Frankfurter Zeitung, Blick durch die Wirtschaft (01.10.1991): DTB: Mittelfristiger Bund-Terminkontrakt, 01.10.1991.

Frankfurter Zeitung, Blick durch die Wirtschaft (18.09.1991): Terminkontrakt für mittelfristige Anleihen, Einführung an der DTB am 4.Oktober / Die Einzelheiten, 18.09.1991.

Göppl, Hermann / Bühler, Wolfgang / Rosen, Rüdiger, Hrsg. (1990): Optionen und Futures, Frankfurt am Main 1990

Glogowski, Erhard (1990): Neue Finanzdienstleistungen : Bankenmärkte im Wandel; 2. Aufl., Wiesbaden 1990.

Gondring, Hanspeter / Hermann, Albrecht (1986): Zins- und Währungsswaps aus bankbetrieblicher Sicht, in: Österreichisches Bankarchiv, Heft 8, 1986, S. 327 - 339.

Handelsblatt (ina) (28.02.1994): Swap-Report / Stärkste Rückschläge seit einem Jahr, Zinsschock verunsichert, in: Handelsblatt, 28.02.1994.

Hargreaves, Deborah (13.03.1991): Derivatives come of age, in: Financial Times Survey, Financial Futures an Options, 13.03.1991, S. 29.

Hauser, Heinz (1996): Pricing und Risk-Management mit Caps, Floors und Swap-Optionen, in: Eller (1996), S. 187-224.

Heinelt, Alexander (1992): Absicherung von Zinsänderungsrisiken aus Unternehmenssicht anhand ausgewählter Finanzinnovationen und Entwicklung geeigneter Simulationsmodelle, Beiträge zur wissenschaftlichen Diskussion, Nr. 5, München 1992.

Hielscher, Udo (1993): Börsen und Börsengeschäfte, in: Obst / Kloten / von Stein (1993), S. 1128 - 1188.

Honeck, Gerhard (1992): Zinsänderungsrisiko und Zinsrisikobilanz, in: Die Bank, Heft 11, 1992, S. 656 - 661.

Hull, John C. (1993): Options, Futures, and Other Derivative Securities, 2. Aufl., Englewood, Cliffs, New Jersey 1993.

Jokisch, Jens (1996): Finazinnovationen zum Management von Zinsrisiken, in: Börsig/Gassert/Prechtl (1996), S. 91-110.

Kahle, Jeff (1992): Caps and Floors, in: Euromoney Dictionary of Derivatives, Hrsg.: Gibson, Tony, London 1992, S. 6 - 8.

Kalinski, Rüdiger / Dürr, Wolfgang / Lusche, Beate (1991): Finanzinnovationen und Marktzinsmethode, in: Die Bank, Heft 6, 1991, S. 331 - 336.

Kirschner, Wolfgang (1992a): Alternatives Preisfaktorensystem erhöht Attraktivität der DTB-Zinsfutures, in: Die Bank, Heft 7, 1992, S. 387 - 391.

Kirschner, Wolfgang (1992b): Spreadhandel, mit Bund-Futures, in: Die Bank, Heft 11, 1992, S. 648 - 652.

Kneidel, Manfred (1989): Deutsche Termin Börse, Band 1, Professionelle Kapitalanlage im Options- und Terminhandel, Regensburg 1989.

Kobelt, Helmut / Schulte, Peter (1995): Finanzmathematik, 6. Aufl., Herne/Berlin 1995.

Köpf, Georg (1989a): Anwendungsmöglichkeiten von Rentenfutures im Risikomanagement, in: Uszczapowski, Igor (1989.), S.35 -41.

Köpf, Georg (1989b): Renditestruktur und Zinsimmunisierung, in: Blick durch die Wirtschaft, Nr. 199, 13.10.1989, S. 7.

Köpf, Georg / Ohmayer, Ernst (1992): Der Handel mit OTC-Rentenoptionen, in: Die Bank, Heft 6, 1992, S. 327- 330.

Kruschwitz, Lutz / Wolke, Thomas (1994): Duration und Convexity, in: WiSt., Heft 8, 1994, S.382 - 387.

Lerbinger, Paul (1988): Zins- und Währungsswaps: Neue Instrumente im Finanzmanagement von Unternehmen und Banken, Wiesbaden 1988.

London, Simon (1992): Banks take expansive view, in: Financial Times Survey, Financial Futures and Options, 19.03.1992, S. 33.

London, Simon (1991): How returns are protected, in: Financial Times Survey, Financial Futures and Options, 13.03.1991, S. 30.

Mägerlein, Christina (1994): Umgang mit derivativen Produkten muß erst erlernt werden, in: Handelsblatt vom 08./09.10.1994.

Meyer, Peter / Wittrock, Carsten (1994): Der FIBOR-Future an der DTB, in: Die Bank, Heft 3 1994, S. 169 - 172.

Nabben, Steffan (1990): Financial Swaps/Instrumente des Bilanzstrukturmanagements in Banken, Wiesbaden 1990.

Nowack, Götz-Peter (1984): Financial Futures, in: ZfgK, Heft 24, 1984, S. 8 - 10.

Obst, Georg / Kloten, Norbert / von Stein, Johann Heinrich , Hrsg. (1993) Geld-, Bank- und Börsenwesen, ein Handbuch, 39. Aufl., Stuttgart 1993.

Palm, Michael (1984): Grundlagen und Möglichkeiten für das Management von Zinsänderungsrisiken durch Zinstermingeschäfte, gen. Diss., TU Berlin, 1984.

Pampel, Ralf (1993): Finanzinnovationen im Debt Management, Wiesbaden 1993.

Perridon, Luis / Steiner, Manfred (1997): Finanzwirtschaft der Unternehmung, 9. Aufl., München, 1997.

Pitts, Mark / Fabozzi, Frank J. (1990): Interest Rate Futures and Options, Chicago, Illinois1990.

Ralfe, John (1994): Betting Your Hedges, in: RISK, Heft 7, 1994, S. 22 - 23.

Reinhardt, Peter (1989): Die Risiken im Swapgeschäft, in: ZfgK, Heft 14, 1985, S. 671 - 676.

Rolfes, Bernd (1985): Ansätze zur Steuerung von Zinsänderungsrisiken, in: Kredit und Kapital, Heft 4, 1985, S. 529ff.

Schierenbeck, Henner (1993): Controlling, in: Obst / Kloten / von Stein (1993), S. 911-939.

Schminke, Paul K. (1994): Dic Rolle der Finanzinnovationen im Aktiv-Passivmanagement, in: ZfK, Heft 5, 1994, S. 215 - 217.

Seibold, Alexander (1994): Risikomanagement für unsere Firmenkunden, in: Per Saldo, Heft 4, 1994, S. 5.

Smithson, Charles W. / Wilford, Sykes (1991): Risikomanagement: Verwendung der Instrumente zur Auflösung komplizierter Strukturen, in: Österreichisches Bankarchiv, Heft 7, 1991, S. 483 - 493.
Steltzner, Holger (1993): Titel, Tüftler, Temperamente - Terminbörsen und Kurssprünge, in FAZ, 19.08.1993.

Storck, Ekkehard (1983): Zins- und Währungsswaps im Euromarkt, in: Die Bank, Heft 10, 1983, S. 459 - 464.

Süddeutsche Zeitung (30.11.1994): Aktuelles Lexikon: Swaps, 20.11.1994, S. 2.

Thießen, Irmgard / Gith, Thomas (1992): Neues Abrechnungsverfahren bei Optionen und Futures, in: Die Bank, Heft 2, 1992, S. 87 - 90.

Tippelskirch, Alexander von (1997): Mittel- und langfristige Bankfinanzierung: Einführung, in: Achleitner/Thoma (1997), Kapitel 7

Trepp, Gian (1994): Glücksspiel oder Absicherung? Wegen ihrer Komplexität bleiben Finanzderivate umstritten, in: Süddeutsche Zeitung , Nr. 242, 20.10.1994, S. VIII.

Uhlir, Helmut (1992a): Financial Futures im Brennpunkt, Teil 1: Einführung, in Österreichisches Bankarchiv, Heft 4, 1992, S. 342 - 345.

Uhlir, Helmut (1992b): Financial Futures im Brennpunkt, Teil 2: Zins-Futures, in: Österreichisches Bankarchiv, Heft 5, 1992, S. 435 - 441.

Uhlir, Helmut (1992c): Financial Futures im Brennpunkt, Teil 4: Zinsterminkontrakte auf Anleihen (BUND-Future), in: Österreichisches Bankarchiv, Heft 10, 1992, S. 912 - 918.

Uszczapowski, Igor (Red.) (1989), Dresdner Bank AG Terminbörse: Optionen und Futures: Auftrieb für den Finanzplatz Deutschland durch die DTB?, Frankfurter Allgemeine Zeitung GmbH Informationsdienste 1989.

Viermetz, Kurt F. / Schwicht, Peter T. (1993): Derivative Finanzprodukte, in: Geld-, Bank- und Börsenwesen, ein Handbuch, 39. völlig neu bearb. Aufl., Hrsg.: Obst, Georg / Kloten, Norbert / von Stein, Johann Heinrich, Stuttgart, 1993, S. 694 - 713.

Wiebke, Harald (1991): Finanzterminkontrakte: die neuen Trümpfe der Deutschen Terminbörse, in: WiSt, Heft 3, 1991, S. 147 - 150.

Wörner, Elisabeth (1988): Termingeschäfte als Instrumente des Zinsrisiko-Managements, Europäische Hochschulschriften, Reihe 5, Bd./Vol. 864, Frankfurt am Main 1988.

Zahn, Hans E. (1991): Handlexikon zu Futures, Optionen und innovativen Finanzinstrumenten, Frankfurt am Main 1991.

Zugehör, Gerhard (1987): DM-Zinscaps als Instrument der Finanzabteilung, in: Die Bank, Heft 10, 1987, S. 558 - 561.

Stichwortregister

www.ingramcontent.com/pod-product-compliance
Lightning Source LLC
LaVergne TN
LVHW010547300926
849162LV00002B/259